Mit Daten überzeugen, mit Geschichten
inspirieren

Friederike Oehlerking

Mit Daten überzeugen, mit Geschichten inspirieren

Data Storytelling im Projektmanagement

 Springer Gabler

Friederike Oehlerking
Lückenkrach
Düsseldorf, Deutschland

ISBN 978-3-662-68493-1   ISBN 978-3-662-68494-8   (eBook)
https://doi.org/10.1007/978-3-662-68494-8

Die Deutsche Nationalbibliothek verzeichnet diese Publikation in der Deutschen Nationalbibliografie; detaillierte bibliografische Daten sind im Internet über http://dnb.d-nb.de abrufbar.

Planung/Lektorat: Mareike Teichmann
Springer Gabler ist ein Imprint der eingetragenen Gesellschaft Springer-Verlag GmbH, DE und ist ein Teil von Springer Nature.
Die Anschrift der Gesellschaft ist: Heidelberger Platz 3, 14197 Berlin, Germany

Das Papier dieses Produkts ist recyclebar.

Meiner Familie, meinen Freund:innen und meinen früheren Kolleg:innen, von denen ich so viel lernen durfte. Und Lykke.

Vorwort

Wir stecken in einem Konflikt: Auf der einen Seite müssen wir auf Basis von Erkenntnissen aus Datenanalysen Geschäftsentscheidungen treffen. Für die Analysen selbst steigen wir in die Details unserer Datenseen 4.0 ab. Aber wenn wir auftauchen und es unserem Management als Entscheidungsvorlage präsentieren wollen, scheitern wir genau an diesen Details. Warum? Weil die Gehirne unserer Zuhörer:innen bei zu vielen trockenen Fakten abschalten. Data Storytelling löst dieses Problem. Denn unser Gehirn reagiert auf Geschichten besser als auf eine Auflistung von reinen Zahlen. Gespickt mit wissenschaftlichen Fakten über unser Gehirn und „Veteranengeschichten" aus dem Projektmanagement werden in diesem Buch Wege aufgezeigt, dem „death by PowerPoint" den Kampf anzusagen und die Welt von schlechten Präsentationen zu befreien.

Friederike Oehlerking

Inhaltsverzeichnis

Über die Autorin

 **Friederike Oehlerking** hat 2022 mit Lückenkrach eine Unternehmensberatung im Bereich Data Storytelling gegründet. Die Ankündigung ihrer Mission, die Welt von schlechten PowerPoint-Präsentationen zu befreien, stieß auf hohes Interesse auf Social Media und sie kreiert seitdem Content auf LinkedIn. Friederike hostet zusammen mit Christin Kohnke und Dr. Verena Klapdor den Podcast „Chefin ruft an", mit dem sie bei jungen Frauen Barrieren abbauen möchte, in die Führung zu gehen, und engagiert sich seit Jahren für Frauen im MINT-Bereich. Sie hat BWL und Ingenieurwesen studiert und 17 Jahre bei einem großen deutschen Technologiekonzern im In- und Ausland gearbeitet. Nach vielen Jahren als kaufmännische und technische Projektleiterin für große Anlagenbauprojekte war sie dort zuletzt als globale Leiterin des kaufmännischen Projektmanagements für das Verdichter-Neumaschinen-Geschäft tätig. Dabei war sie häufig die einzige Frau im Raum, wenn es um geschäftsstrategische Entscheidungen auf Basis ihrer Analysen ging. Auch hier konnte sie mit Daten überzeugen und mit Geschichten inspirieren.

Abbildungsverzeichnis

Grundlegendes

1.1 Warum wurde ich zur Datengeschichtenerzählerin?

Laura ist eine Projektmanagerin in einem großen mittelständischen, international agierenden Unternehmen, das im Anlagenbau tätig ist. Sie ist gerade dabei, ein Kundenprojekt mit ihrem Team zu starten; erst gestern kamen die endgültigen Vertragsunterlagen herein. Sie muss nun dringend die ersten Kick-off-Meetings und Übergabetermine organisieren.

Heute steht aber etwas anderes auf der Tagesordnung. Heute wird sie in einem großen Roll-out-Meeting einer Präsentation beiwohnen, in der der neue Einkaufsprozess für die Zulieferung verschiedener wichtiger Komponenten erklärt wird. Taktgeber für diesen neuen Prozess sind maßgeblich die Einkäufer:innen und Ingenieur:innen des Standortes, an dem auch sie organisatorisch angebunden ist, aber auch aus China, da dort viele der Lieferant:innen sitzen.

Sie ist virtuell zur Präsentation zugeschaltet. In den ersten zehn Minuten stellen sich die Veranstalter:innen des Termins vor. Dabei werden höflicherweise alle erwähnt, die den neuen Prozess mitgestaltet haben, und welchen Beitrag sie geleistet haben. Plötzlich klingelt Lauras Telefon. Gott sei Dank ist sie in dieser großen Runde auf lautlos geschaltet. Es wird nicht auffallen, wenn sie eben die Kamera ausschaltet, denn ihr Vertriebskollege ist dran und hat sicher noch dringende Fragen wegen der Auftragsbestätigung und, ob die Buchung noch in den nächsten zwei Tagen stattfinden kann.

Nach dem kurzen Telefonat steigt Laura wieder in die Präsentation ein. Sie hat nicht viel verpasst, denn nun ergeben sich gerade technische Probleme beim Teilen der Präsentation. Ein anderer Kollege wird gebeten, die Präsentation von seinem Laptop aus zu teilen, nun klappt es wieder. Gerne möchte man auch noch das Team in China kurz vorstellen, allerdings versteht man sehr schlecht, was sie sagen – nicht notwendigerweise wegen der Sprachbarriere, sondern weil die Verbindung sehr schlecht ist, die Leitung knarzt und das Bild ist verzögert.

F. Oehlerking, *Mit Daten überzeugen, mit Geschichten inspirieren*, https://doi.org/10.1007/978-3-662-68494-8_1

Jetzt will man aber auch mal ins Thema einsteigen und erklärt, wie der Einkaufsprozess bisher lief. Inzwischen sind 20 min des Termins ins Land gegangen und bei Laura piept das Telefon wieder. Sie schaut drauf und sieht eine Nachricht, dass ein Kollege ihren letzten Beitrag bei LinkedIn kommentiert hat. Da sie nicht das Gefühl hat, bisher bei dem Gespräch etwas zu verpassen – sie kennt ja den bisherigen Prozess recht gut –, tippt sie auf ihr Handy, um sich den Kommentar anzuschauen. Ihre Kamera ist immer noch aus, das kann auch gerne so bleiben. Nach ein paar Minuten findet sie sich in ihren E-Mails wieder und sieht eine wichtige E-Mail von ihrem Chef-Chef. Der benötigt dringend eine Rückmeldung, wann der Kick-off-Workshop für das neue Projekt stattfinden wird, damit er einplanen kann, wann sie zum Leitkreis eingeladen werden kann, um das Projekt vorzustellen und bei dieser Gelegenheit ihre offizielle Projektleitungsernennung entgegenzunehmen. Sie leitet diese Nachricht schnell an Tom, ihren kaufmännischen Counterpart, und ein paar andere Projektmitglieder zur Info weiter. Sie werden zwar nicht an dem Termin teilnehmen, aber Laura will absolut transparent sein, sodass jeder alles weiß in ihrem Projekt.

In der Zwischenzeit hört sie Gemurmel aus dem Hintergrund. Sie merkt, dass das Fenster mit dem virtuellen Meeting inzwischen ganz nach hinten gerutscht ist, und holt es wieder auf ihren Hauptbildschirm. Es wird gerade diskutiert, ob es wirklich Sinn macht, die Daten für die Exportkontrolle bereits in die Vertragsunterlagen für die Unterlieferanten aufzunehmen. Nichts Weltbewegendes, denkt sie. Die Folien, die momentan auf dem Bildschirm flackern, zeigen ein komplexes Konstrukt aus verschiedenfarbigen Elementen und Verbindungslinien. Scheinbar ein Prozessdiagramm. Daneben fast unlesbar kleiner Text, der den Sachverhalt noch mal erklären soll. „Viel zu viel Text, lese ich später", denkt Laura und wechselt wieder zu ihrer eigenen PowerPoint, denn das ist die Präsentation für den Leitkreis, die sollte sie jetzt schnell fertigbekommen, dann hat sie das schon mal. Aber ihr fehlen noch die Folien vom Vertrieb, die kann ihr Kollege ja vielleicht schon mal rüberschicken, sie fragt ihn eben über den Teams-Chat.

Im gleichen Moment erhält sie eine WhatsApp auf ihrem Telefon. Tom lässt sie wissen, dass es offenbar ein Problem mit der Buchung des Vertrages gibt, da die Unterschrift der Landesgesellschaft, die für die Überwachungsleistungen bei der Errichtung der Anlage verantwortlich ist, fehlt. Auch das noch. Laura durchsucht ihre Mailbox, nach was, weiß sie selbst gar nicht so genau, aber da war eine E-Mail, in der stand irgendwas wegen der Unterschrift von den Kolleg:innen. Das muss unbedingt noch vorm Monatsabschluss fertig werden. In der Hektik bekommt sie gar nicht mit, dass es im Hintergrund ganz still geworden ist. Sie schaltet auf das Meeting und ist die Einzige, die noch im Raum ist. Schön, nichts mitbekommen, aber gut, egal, die werden ja die Präsentation gleich noch mal rumschicken, dann kann sie es ja nachlesen. Sie hat jetzt gerade Wichtigeres zu tun.

Der Tag fliegt vorbei. Sie haben es geschafft, noch die Unterschrift zu bekommen. Gut, dass die Kollegen auch noch nach Feierabend in ihrer Zeitzone erreichbar sind. Irgendwann steht Tom vor Lauras Schreibtisch. Er ist gerade auf dem Weg nach Hause und wollte noch kurz Tschüss sagen und fragen, was mit der Leitkreispräsentation ist, ob Laura noch etwas von ihm benötigt. Sie zeigt ihm kurz das Sammelsurium an Folien, dass sie bisher zusammenkopiert hat. Einiges daraus aus der Angebotspräsentation, ein paar Standardfolien und dann noch Platzhalter für die Ergebnisse, die dann noch aus dem Kick-off und den Übergabeterminen herauskommen werden. „Viel zu viel Text", sagt Tom, „das lese ich später!" Er verabschiedet sich in den Feierabend.

Kennst Du diese Situation? Selbst wenn man nicht im Projektmanagement aktiv ist, kennt man doch die Momente, in denen man von Informationen überflutet wird und das wirklich Wichtige völlig aus dem Auge verliert.

Es ist verwunderlich, dass wir alle darunter leiden, was unsere Kolleg:innen und Vorgesetzten an PowerPoint-Präsentationen fabrizieren. Wir nennen sie die „Walt-Disney-Folien", die jede Farbe des Regenbogens und gerne auch die ein oder andere verspielte Animation benutzen, um einen vermeintlich einfachen Sachverhalt darzustellen. Wir beschweren uns über diese Präsentationen, die auf jeder Seite viel zu viel Text haben, was sich niemand durchliest. Weder hat man Zeit, es durchzulesen, noch kann man dem Vorstellenden zuhören, was er oder sie sagt, weil man versucht, den Text zu lesen. Noch mehr ärgert es uns dann, wenn jemand in der Vorstellung selbst den Text dann Wort für Wort abliest. Was für eine verschwendete Zeit. Wir beschließen, uns im Nachgang die Präsentation noch mal anzuschauen und durchzulesen. Fairerweise wissen wir aber auch, dass die Wahrscheinlichkeit, dass wir dafür Zeit finden werden, verschwindend gering ist. Ärgerlich. Und all diesen Ärger nehmen wir mit zurück an unseren Schreibtisch, öffnen unseren Kalender im Computer, sehen, dass wir in zwei Wochen eine wichtige Präsentation geben müssen, starten PowerPoint und erstellen exakt so eine Präsentation, wie die, über die wir uns bis eben noch maßlos geärgert haben.

Ich wollte diesen Teufelskreis durchbrechen und, dass die Inhalte meiner Präsentationen wirklich gehört werden. Denn nur, wenn ich mit meinen Inhalten überzeugen kann, dann kann ich mit meiner Arbeit erfolgreich sein, ob als Projektmanagerin oder in einem anderen Feld. Wir ärgern uns über PowerPoint, „death by PowerPoint" ist ein geflügeltes Wort in vielen Unternehmen. Dabei ist es nicht das Programm, weil es schwierig zu bedienen sei oder Verwirrung stifte. Der Name PowerPoint ist auch nur ein Synonym für jegliche Präsentationssoftware. Es gibt immer wieder in Unternehmen Bestrebungen, PowerPoint-Folien zu verbieten! Amazon verdeutlichte dies noch einmal in dem Brief an seine Aktionäre im Jahr 2018:

"We don't do PowerPoint (or any other slide-oriented) presentations at Amazon. Instead, we write narratively structured six-page memos. We silently read one at the beginning of each meeting in a kind of 'study hall'" (Bezos 2018).

Aber aus meiner Sicht ist PowerPoint nicht der Feind! Es ist die Art und Weise, wie wir es immer wieder anwenden, weil es jeder um uns herum so anwendet. Ich persönlich möchte mich nicht erst in eine Runde setzen und im Stillen ein Memo lesen. Ich möchte, dass mir ein:e Expert:in erklärt, worum es geht. Und zwar in einem Vokabular, das ich verstehe. Wenn diese:r Expert:in dann auf einem Blatt Papier oder einer Folie hinter sich eine visuelle Darstellung zeigt, um mir den Sachverhalt besser zu verdeutlichen, haben wir eine Präsentation. Das Problem ist nicht PowerPoint. Das Problem ist, dass wir nicht mehr Zuhören, wenn ein:e Expert:in vor uns steht und uns etwas erklärt. Warum das so ist, werde ich versuchen, in diesem Buch genauer zu erarbeiten. Beginnen wir damit, warum wir viel zu viele Details auf den Präsentationsfolien zeigen.

Gründe für zu viele Details in Präsentationen

- Entlastung von Verantwortung
- Missbrauch von PowerPoint
- Informationsüberflutung
- Unsicherheit und fehlende Vorbereitung
- Unklare Ziele oder Zielgruppe

Gerade bei datenlastigen Inhalten wollen wir sicherstellen, dass jedes noch so kleinste Detail auch kommuniziert wird. Gründe dafür gibt es einige. Zum einen die eigene Entlastung von Verantwortung: Ein Filtern der Informationen würde bedeuten, selbst Verantwortung zu übernehmen, wissentlich zu entscheiden, Dinge nicht zu sagen. Das fällt uns manchmal schwer, was wenn jemand hinterher sagt: „Das wusste ich nicht"? Da steckt natürlich auch die Angst vor Fragen und Kritik drin. Man möchte jede noch so detaillierte Frage schon im Keim ersticken.

Dann gibt es den Missbrauch von PowerPoint. Seien wir fair, PowerPoint wird meistens gar nicht zur Erstellung einer Präsentation, sondern zur Erstellung eines Berichts (auf Folien) zweckentfremdet. Ich persönlich empfinde es nicht als schlimm, das zu tun. Denn ich arbeite gerne mit PowerPoint, weil ich die einzelnen Elemente schön unkompliziert auf der Seite verschieben kann, was mir bei Word weniger schnell und einfach gelingt. Aber: Man muss verstehen, dass ein Bericht ein Bericht ist und keine Präsentation. Diese Folien sind nicht für einen Vortrag geeignet. Man kann sich den Bericht im stillen Kämmerchen durchlesen und sich das ein oder andere erklären lassen. Aber es ist keine Basis für eine Präsentation vor einem Gremium oder einer Zuhörerschaft, die am Ende eine Entscheidung treffen soll, wie es weitergeht.

Diese – geben wir ihnen einen Namen – Folienreporte (und keine Präsentationen!) sind dazu da, in die Dokumentation des Unternehmens einzufließen. Sie dokumentieren ein Projekt, einen Prozess, eine Guideline oder ein anderes Arbeitsergebnis. Die Mitarbeitenden sollen in Zukunft die Möglichkeit haben, sich ganzheitlich zu einem Thema zu informieren. Als Beispiel zeige ich immer gerne klassische Folienreporte von z. B. Unternehmensberatungen, wie in der Abb. 1.1 schematisch dargestellt.

Überspitzt gesagt, scheinen sie Text nicht größer als Schriftgröße 5 pt zu enthalten, mit Schaubildern, Graphen und Piktogrammen übersät und jede Menge Logos, das eigene, das vom Kunden, auf jeder einzelnen Seite. Hinzu kommt, dass alle Rechte vorbehalten

Abb. 1.1 Beispiel Folienreport einer Unternehmensberatung. ©Friederike Oehlerking 2024. All Rights Reserved

seien und eine Vertraulichkeitseinstufung, meist mit dem Standard „vertraulich" gekennzeichnet. Alles angenehm in den Farben der Corporate Identity gehalten, damit man sich gleich wohlfühlt. Viel Inhalt auf wenig Folien, denn immer noch setzt sich der Gedanke durch: Weniger Folien sind mehr. Da die Masse der Inhalte aber gleich bleiben muss, wird also mehr Inhalt auf eine Seite gepresst. Und bei Unternehmensberatungen ist das auch legitim, denn die Kund:innen sollen ja auch was bekommen für ihr gutes Geld. So bekommt man den Eindruck, dass jede einzelne Folie sehr gehaltvoll und wertschwer sei, dass man sich nur die Zeit nehmen muss, nach der Vorstellung das noch mal in Ruhe durchzulesen, weil da ja so viel drinsteckt, praktisch pures Gold. Das stimmt auch. Aber es ist eben keine Präsentation, nur weil es auf einer Präsentationssoftware erstellt und gelesen wird. Es ist ein Bericht, ein Konzept, ein Strategiepapier. Natürlich soll es dabei auch in erster Linie um den Inhalt gehen, und zwar allumfassend. Aber dieselben Folien zu nehmen und damit die gesamte Belegschaft auf diese Strategie einzuschwören, ist am Ende des Tages keine Zeitersparnis, sondern Zeitverschwendung.

Die Informationsüberlastung ist ein weiterer Grund dafür, warum wir zu viele Details in unseren Präsentationen aufnehmen. Das klingt erst einmal paradox. Hintergrund ist, dass wir in der Informationsüberflutung immer mehr verlernen, das Wichtige vom Unwichtigen zu trennen; wir haben Angst, etwas Wichtiges auszulassen. Daher nehmen wir immer mehr Infos mit in die Präsentation auf. Ein Teufelskreis. Und dann ist da noch der heißgeliebte One-Pager vom Topmanagement, der uns den Angstschweiß auf die Stirn treibt. Wie soll man nur all diese Informationen auf eine einzige Folie pressen? Aber eigentlich ist der Bedarf eines One-Pagers doch, wenn überhaupt, nur eine Ansage: Halte Dich kurz! Warum? Weil auch das Management von Informationen überschwemmt wird.

Des Weiteren können Unsicherheit und fehlende Vorbereitung Gründe sein, warum man dazu neigt, in Details zu schwelgen. Damit wird versucht, selbige zu kaschieren. Hier zeigt sich oft: „Wenn Du es nicht einfach erklären kannst, hast Du es nicht gut genug verstanden."

Als letzten Grund möchte ich hier „unklare Ziele oder Zielgruppe" anbringen. Dies wird uns auch in diesem Buch und bei der Erarbeitung von zielgerichteten Präsentationen immer wieder begegnen, weil es so immens wichtig ist. Ganz klar: Wenn ich das Ziel bzw. die Zielgruppe nicht kenne, wie soll mir dann „zielgerichtete" Kommunikation gelingen? Die Präsentator:innen neigen dann dazu, ein Streufeuer an Informationen auf das Publikum abzulassen. „Irgendwas wird schon hängen bleiben!" Das ist natürlich völlig ineffizient und meistens für alle Seiten lediglich Zeitverschwendung. Daher ist es wichtig, eine Präsentation immer sowohl an der Zuhörerschaft als auch an dem Ziel, was der oder die Vortragende von ihr erwartet, auszurichten.

In meinem Job bei meiner letzten Arbeitgeberin suchte ich immer nach neuen Entwicklungen in der Kommunikation. Als Führungskraft und in der Projektleitung ist Kommunikation eines der wichtigsten Führungsinstrumente. Und PowerPoint ist eines der Programme, die ich nach Outlook und vor Excel am meisten nutzte. Durch einen Zufall stieß ich eines Tages auf Data Storytelling. Ich war sofort begeistert, nachdem ich das Wenige, was ich damals noch bei meinen Internetrecherchen dazu fand, gelesen oder angeschaut hatte. Danach verschlang ich jedes Buch zu dem Thema. Als ich diese Methode dann auch selbst ausprobierte, geschahen wundersame Dinge: Nach Konferenzen habe ich Zuschriften mit Glückwünschen zu meiner gelungenen Präsentation erhalten. Nachdem ich eine Idee meinem Management so präsentierte, erhielten wir sehr bald eine Freigabe von ca. 1 Mio. Euro, um damit eine der größten Umorganisationen der letzten fünf Jahre zu initiieren. Nachdem ich den Mitarbeiter:innen meines Chefs meine Abteilung vorstellte, lagen kurz darauf drei Initiativbewerbungen auf meinem Tisch. Natürlich lief es auch nicht immer so glatt. Auch ich habe Fehler gemacht und Präsentationen liefen in eine falsche Richtung oder erzielten nicht den gewünschten Effekt. Nachdem ich aber reflektierte, warum es nicht zündete, wurde ich anhand der Data-Storytelling-Methode immer schnell fündig und konnte diese Fehler mit der Zeit immer mehr ausmerzen.

▶　　Aber Vorsicht: Data Storytelling ersetzt nicht eine gute Strategie und viel politische Lobbyarbeit, wenn es um die Durchführung von umfassenden (innerbetrieblichen) Change-Kampagnen geht. Eine einzige gute Präsentation wird eine festgefahrene, konträre Meinung einer Zuhörerschaft nicht alleine wandeln können. Aber: Eine schlechte Präsentation hat auch bei guter politischer Vorarbeit noch weniger Chancen.

Über die letzten Jahre in diesem Beruf formte sich immer mehr der Gedanke, dass ich genau hierin meine Berufung finden könnte. Ich war es satt, schlechte Präsentationen ertragen zu müssen, und fasste letztendlich den Entschluss, genau das zu tun: die Welt von schlechten PowerPoint-Präsentationen zu befreien. Seitdem berate und trainiere ich Menschen und Unternehmen dabei, ihre Daten in gute Geschichten zu verpacken.

Nun freue ich mich umso mehr, dass Du Dich ganz offensichtlich dieser Mission anschließen willst. In diesem Buch sollst Du anhand von Beispielen und „Veteranengeschichten" aus dem Projektmanagement das Handwerk lernen, um selbst mit Daten zu überzeugen und mit Geschichten zu inspirieren. Auch wenn Du nicht im Projektmanagement arbeitest, soll dieses Buch dazu dienen, Präsentationen effektiver zu gestalten und Dein Publikum schneller von Deiner Idee zu überzeugen. Los geht's!

1.2   Was ist Data Storytelling?

Zunächst möchte ich Dir die folgende Frage stellen: Warum präsentieren wir generell und warum präsentieren wir Daten? Ich lasse diese Frage zunächst einmal auf Deinem Tisch liegen und warte, dass Du Dir hier ein paar Gedanken dazu machen kannst. Was meinst Du?

Alles richtig: Wir wollen informieren, andere überzeugen und motivieren. Aber was wollen wir in unseren Zuhörer:innen auslösen? Ein einfaches Beispiel: Wenn ich eine Stunde darüber referiere, warum es sinnvoll ist, seinem Haustier die Zähne zu putzen, dann wünsche ich mir doch wohl, dass meine Zuhörerschaft am Ende meiner Präsentation rausgehen und sagen wird: „So habe ich das noch gar nicht gesehen, das mache ich jetzt auch." Also, dass sich meine Zuhörerschaft nach dem Vortrag noch an meine Kernbotschaften erinnern kann, und zum anderen, dass sie wissentlich die Entscheidung trifft, meiner Aufforderung zu folgen. Das ist besonders wichtig für die zielgerichtete Kommunikation einer Datengeschichte. Wir werden das später noch einmal zu anderen Formen der Berichterstattung abgrenzen.

▶ Zunächst ist für eine Datengeschichte wichtig: Wir möchten, dass die Inhalte besser verstanden und erinnert werden, damit auf dieser Basis schneller Entscheidungen getroffen und Handlungen eingeleitet werden können.

Dazu ist es aber wichtig, zu verstehen, wie unsere Botschaft den Nebel der Reizüberflutung, mit der sie konkurriert, durchdringen kann. Als Erstes müssen wir dazu lernen, wie wir Menschen unser Umfeld wahrnehmen und was unsere Wahrnehmung „triggert". Denn erst durch die Wahrnehmung gelangt die Botschaft in „den Arbeitsspeicher" unserer

Zuhörerschaft. Wenn sie dort dann **einfach** verarbeitet werden kann und wünschenswerterweise mit Emotionen angereichert wird, hat sie eine Chance, ins Langzeitgedächtnis zu gelangen. Nun kann sie dazu dienen, dass die Entscheider:innen dem Handlungsaufruf in unserer Botschaft folgen und in Aktion treten (Dykes 2020, S. 35–37).

Zweck von Data Storytelling

Um den Zweck des Data Storytelling zu verdeutlichen, möchte ich von einem Beispiel erzählen, bei dem Daten zwar informiert haben, es aber nicht schafften, Aktionen auszulösen. In der Nacht vom 14. auf den 15. Juli 2021 ereignete sich eine der größten Naturkatastrophen, die Deutschland in der jüngeren Vergangenheit gesehen hat: die Flut im Ahrtal. Für diejenigen, die das Ahrtal nicht kennen, hier muss man sich ein wunderschönes, idyllisches Tal vorstellen. Durch dieses Tal schlängelt sich ein breiter Fluss, links und rechts daneben grüne, saftige Wiesen, Felder und Weinberge, Schatten spendende Hecken, Bäume und Wälder. Dörfer und kleinere Städte säumen den Fluss. Es erinnert ein bisschen an das „Auenland" in „Herr der Ringe". Es war ein verregneter Sommer in diesem Jahr 2021 und damit eigentlich ein Segen im Vergleich zu den Jahren 2018 und 2019, in denen Deutschland von einer langen Dürre geplagt war, und auch 2020 war immer noch zu trocken gewesen. Jetzt im Juli 2021 hatte es schon seit Wochen geregnet, was zur Folge hatte, dass das Erdreich bereits gesättigt war und kein weiteres Wasser aufnehmen konnte. Das war auch die Zeit, in der sich im Westen neue, düstere Gewitterwolken zusammenzogen und sich auf den Weg in Richtung des Tals machten.

In extremen Wettersituationen gibt es eine Prozesskette. Der Deutsche Wetterdienst zusammen mit dem European Flood Awareness System (EFAS) sendet Berichte an die Landesumweltämter (LANUV). Sie wiederum senden die Informationen an die Bezirksregierungen der betroffenen Regionen, damit diese über die Kreisverwaltungen notwendige Handlungen veranlassen können, z. B. den Notstand ausrufen oder Evakuierungen. Laut den Ergebnissen des Untersuchungsausschusses nach der Flut geschah es genau dort, zwischen den Landesumweltämtern und den Bezirksregierungen, wo die Prozesskette (Abb. 1.2) unterbrochen wurde.

Um zu verstehen, warum, analysieren wir den Bericht vom LANUV NRW vom Dienstag, 13. Juli 2021, also 1,5 Tage vor der Katastrophe.

Abb. 1.2   Prozesskette bei Wetterwarnungen. ©Friederike Oehlerking 2024. All Rights Reserved

Es ist lediglich ein einseitiger Bericht, den man noch heute im Archiv des Landesamtes für Natur, Umwelt und Verbraucherschutz NRW abrufen kann. Schauen wir uns nur den ersten Absatz genauer an:

„Der Durchzug eines Tiefdruckgebiets von Frankreich nach Mitteleuropa sorgt bis Donnerstagmittag für sehr unbeständiges Wetter mit teils gewittrigem, unwetterartigem Starkregen. Laut aktueller, neu bewerteter Vorabinformation bestehen Warnungen des DWD vor extremem Unwetter (Stufe 4, im Südwesten NRWs) sowie Unwetterwarnungen (Stufe 3, bis zur Mitte NRWs inkl. Ruhrgebiet) durch Starkregen und Dauerregen infolge von länger anhaltendem Regen bzw. wiederholt auftretendem, kräftigen Starkregen. Ab dem Nachmittag sind aus Südwest kommend insgesamt 40–80, regional bis zu 130 l/m^2 zu erwarten und lokal auch 200 l/m^2 in den nächsten 48–60 Stunden nicht ausgeschlossen. Der Schwerpunkt liegt wahrscheinlich in einem Bereich von der Mitte bis in den Südwesten von NRW. Es bestehen jedoch noch größere Modellunsicherheiten" (LANUV 2021).

Daraus ziehen wir drei wesentliche Informationen:

1. Es wird extremes Unwetter erwartet.
2. Man schätzt den Niederschlag auf bis zu 200 l pro Quadratmeter über die nächsten 48–60 h.
3. Es bestehen jedoch noch größere Modellunsicherheiten.

Nun stell Dir vor, Du bist Mitarbeiter:in in der Bezirksregierung und erhältst diesen Bericht. Was machst Du mit diesen Informationen? Löst es in Dir Handlungsbedarf aus? Was, wenn ich Dir sage, 200 l pro Quadratmeter, das sind 20 cm Wasser? Immer noch nicht?

Wenn Du nicht schon mal mit Niederschlägen zu tun hattest und somit keinen Bezugsrahmen hast, wirst Du wahrscheinlich wenig mit dieser Information anfangen können. Liegt das noch im erträglichen oder nicht? Mein Vater war früher Landwirt, er weiß ganz gut einzuschätzen, dass das sehr viel Wasser ist. Aber ich habe damit wenig bis gar keine Berührung gehabt und somit auch eher eine gewisse Indifferenz. Er kann gar nicht nachvollziehen, dass mich diese Information mit 200 l pro Quadratmeter recht kalt lässt. Na klar, denn er hat ja den Referenzrahmen. Ich aber nicht. Die Indifferenz wird wahrscheinlich durch die dritte Aussage im Bericht noch verstärkt. Bei größeren Modellunsicherheiten erscheint eine normale Reaktion zu sein, doch erst mal abzuwarten, ob sich an dieser Aussage noch etwas ändert. Natürlich ist es einfach, im Nachhinein, aufgrund der Geschehnisse, zu verstehen, dass es sehr womöglich eine große Menge Regen war. Aber damit unterliegen wir wahrscheinlich dem sogenannten Hindsight-Bias, dem Rückschaufehler, bei dem wir im Nachhinein immer schlauer sind und mit den Erkenntnissen aus dem Jetzt der Meinung sind, die Entscheidungen in der Vergangenheit besser hätten treffen zu können (Gabler Wirtschaftslexikon o. J. a.).

Der WDR hat mit der Dokumentation „Die Flut – Chronik des Versagens" die Geschehnisse der Nacht, die anschließenden Ersthilfemaßnahmen und schließlich die

Untersuchung der Katastrophe aufgearbeitet (WDR Doku 2022). Dazu gibt es ergänzend eine Webseite, die die Geschehnisse noch einmal chronologisch darstellt (Westdeutscher Rundfunk 2021).

Ein normaler Pegelstand der Ahr bei Altenahr liegt bei deutlich unter einem Meter, um 14:30 Uhr des 14.07.2021 steht er aber bereits auf 1,38 m. Eine Stunde später prognostiziert das Landesumweltamt, dass das Wasser einen Pegelstand von ca. 5,19 m erreichen könnte. Der höchste Pegelstand der letzten zwei Dekaden wurde dort 2016 mit 3,71 m gemessen und war damals bereits als Jahrhunderthochwasser bezeichnet worden.

Tatsächlich überschreitet der Pegelstand 2021 bereits um 19:30 Uhr diesen Wert und steigt weiter. Die Flut wird nun reißender, bahnt sich ihren Weg durch das Tal und nimmt dabei alles mit: Autos, Lkws, sogar ganze Häuser. Mehrmals erhöht das Landesumweltamt seine Prognosen. Bei ca. 6 m bricht der Pegelmesser weg. Schätzungen zufolge erreicht das Wasser einen Pegel von über 10 m in der Nacht, bevor es gegen Mitternacht aufhört zu regnen und das Hochwasser langsam abfließt. Auf der Webseite des ZDF gibt es eine eindrucksvolle 3D-Simulation des Pegelstandes in Altenburg in der Nacht der Flut (ZDF 2022).

189 Menschen starben in dieser Katastrophe. Unter ihnen 12 Menschen aus einem Pflegeheim, die nicht rechtzeitig evakuiert wurden und den Fluten nicht entkommen konnten (Spiegel 2021), obwohl der Deutsche Wetterdienst bereits seit dem 10. Juli vor dem Unwetter gewarnt hatte, 4,5 Tage vor der Katastrophe. Mehr als 800 Menschen verletzten sich teilweise schwer. Dazu kommen Tausende Ersthelfer von Feuerwehr, Rettungskräften, Landwirten, Technischem Hilfswerk und Bundeswehr, die heute noch teilweise psychologische Betreuung benötigen wegen der posttraumatischen Belastungsstörung aufgrund der Bilder, die sie dort gesehen haben (Jordan 2022).

Die Prozesskette hatte wie bereits erwähnt einen wesentlichen Fehler. Die Ex-Ministerin des Landesumweltamts NRW Heinen-Esser sagte in der Dokumentation „Die Flut – Chronik des Versagens":

> „Hinterher, über die Arbeit des Untersuchungsausschusses, haben wir festgestellt, dass die Lageberichte zwar zu den Bezirksregierungen gekommen sind, aber dass die Bezirksregierungen gar nicht mit denen gearbeitet haben, sondern sie letztendlich im Papierkorb verschwunden sind. Und das war sicherlich darin begründet, dass die Berichte – das muss man auch ehrlich sagen – nicht so klar und deutlich waren, dass die Mitarbeiter in den Bezirksregierungen tatsächlich etwas konkret damit anfangen konnten" (WDR Doku 2022, 07:31–07:59).

In der anschließenden Untersuchung wird argumentiert, dass, wenn die Warnungen an allen Enden der Informations-/Prozesskette als gleich dringend wahrgenommen worden wären, durch frühere präventive Maßnahmen möglicherweise viele Todesfälle hätten verhindert werden können. Stefan Kämmerling, Obmann des Untersuchungsausschusses sagte in derselben Dokumentation:

„Im Umweltministerium hat man verstanden, wie groß die Gefahr ist. Aber niemand ist hingegangen und hat die Informationen so übersetzt, dass sie verstanden werden" (WDR Doku 2022, 08:00–08:10).

Hätte man 200 l/m^2 eventuell greifbarer dargestellt, wie: Das Wasser könnte den 3. Stock der Häuser in der ersten Linie zum Fluss übersteigen, wären eventuell eher Handlungen unternommen worden. Oder wenn man einen Referenzrahmen gegeben hätte und die Niederschlagsmenge in Relation gesetzt hätte, dass eine Prognose von 5,19 m bereits deutlich über dem des Jahrhunderthochwassers aus 2016 gewesen sei.

Die Grafik in Abb. 1.3 zeigt die Aufzeichnung der Niederschlagsmengen in Bad Neuenahr/Ahrweiler, Rheinland-Pfalz im Vergleich zu den Vorjahren (Proplanta 2023). Durchschnittlich wurden im Monat Juli der Jahre 2018–2020 20,1 mm Niederschlag gemessen. Im Vergleich dazu summieren sich die Niederschläge vom 01.–14. Juli 2021 auf 126,3 mm auf, ein Großteil, mehr als 70 % davon, alleine in den drei Tagen vom 12.–14. Juli. Danach brechen die Aufzeichnungen ab. Die Aufzeichnungen enden mit dem 14. Juli und beginnen erst wieder zum 01. Oktober 2021, richtige Niederschlagswerte gibt es erst wieder im November 2021.

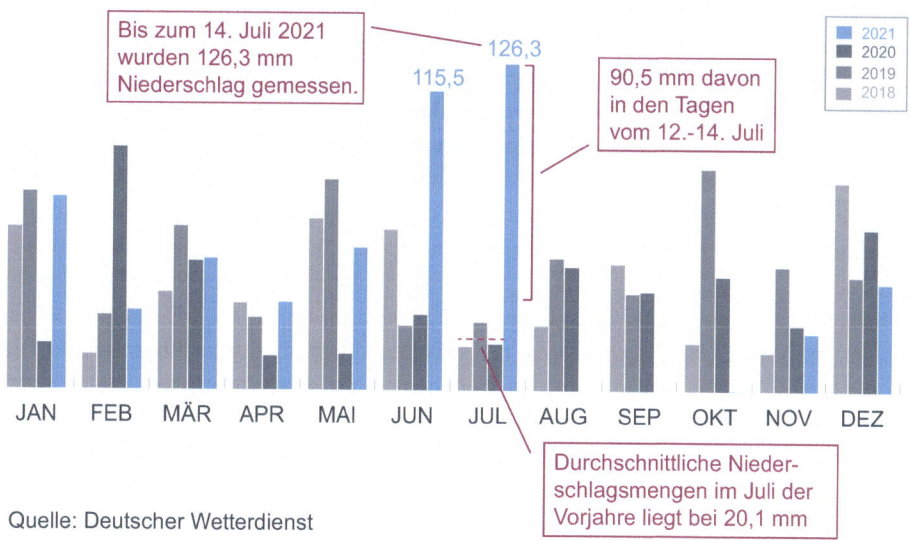

Hochwasserkatastrophe im Ahrtal: Extrem hoher Niederschlag im Juli 2021 innerhalb von nur 3 Tagen

Monatlicher Niederschlag 2018-2021 in Bad Neunahr / Ahrweiler, Rheinland-Pfalz in mm

Bis zum 14. Juli 2021 wurden 126,3 mm Niederschlag gemessen.

126,3

115,5

90,5 mm davon in den Tagen vom 12.-14. Juli

2021
2020
2019
2018

JAN FEB MÄR APR MAI JUN JUL AUG SEP OKT NOV DEZ

Durchschnittliche Niederschlagsmengen im Juli der Vorjahre liegt bei 20,1 mm

Quelle: Deutscher Wetterdienst

Abb. 1.3 Niederschlagsmengen in Bad Neuenahr/Ahrweiler, Rheinland-Pfalz. ©Friederike Oehlerking 2024. All Rights Reserved

Was ist Deine Sicht? Wer hätte aus Deiner Sicht klarmachen müssen, wie dringlich die Lage ist? Natürlich ist es ein drastisches Beispiel, aber das passiert im Kleinen in unseren Unternehmen jeden Tag: Informationen und Daten werden geliefert, aber nicht so übersetzt, dass die Kernaussage daraus verstanden wird und entsprechend Handlungen abgeleitet werden.

Übertragung auf den betrieblichen Kontext
Stellen wir uns das nun in einem betrieblichen Kontext vor. Deine Führungskraft bittet Dich herauszufinden, warum etwas in Deinem Projekt nicht klappt, z. B. eine Maschine performt nicht zu den ausgelegten Parametern. Du startest die Analyse, indem Du Menschen aus der Konstruktion, dem Engineering und dem Produktmanagement befragst. In diesem Moment sammelst Du also Informationen und Daten. Darüber hinaus wirst Du gerade zum Experten/ zur Expertin für diese eine Fragestellung Deines Chefs oder Deiner Chefin. Wenn alles gut läuft, hast Du durch Deine Analyse eine Antwort auf die Frage, warum etwas nicht funktioniert.

Bleiben wir bei dem Beispiel. Nun hast Du aber ebenfalls festgestellt, dass der Mangel nicht nur in Deinem Projekt, an Deiner Maschine vorkommt, sondern nur durch einen besonderen Umstand frühzeitiger als sonst ersichtlich wurde. Du bist Dir sicher, bei einigen anderen Projekten wird dasselbe Problem spätestens in den nächsten zwölf Monaten ebenfalls auftauchen und die Anlagen sogar teilweise zum Stehen bringen. Für Kund:innen bedeutet dies verheerende Ausfälle in der Produktion, für Dein Unternehmen kostspielige Nacharbeiten, da die Maschinen immer noch in der Produkthaftung stehen, ganz zu schweigen vom Reputationsschaden über die Qualität Eurer Anlagen. Es gäbe eine relativ einfache präventive Lösung zu dem Problem, durch den proaktiven Austausch einiger Schalter und Instrumente, aber auch das ist natürlich nicht kostenlos. Allerdings stehen sie in keiner Relation zu den Kosten bei einem tatsächlichen Ausfall der Anlagen.

Als gute:r Mitarbeiter:in stellst Du deine Erkenntnisse vor. Dein Management bedankt sich für deine Ausarbeitung. Wegen einiger Verständnisprobleme bittet es Dich um mehr Informationen und lädt zum nächsten Termin in zwei Wochen ein. Drei Tage vor dem nächsten Termin wird dieser dann wegen einer wichtigen Reise des Segmentleiters verschoben. Es gibt noch zwei, drei E-Mails, aber dann bricht der Gesprächsfaden zu dem Thema ab. Auch Du hast jetzt erstmal drei Wochen Urlaub und danach beansprucht Dich Dein eigenes Projekt, wo Du Deine Lösung bereits umsetzen konntest, so sehr, dass auch Du das Thema aus den Augen verlierst.

Fünf Monate später fällt die erste, bereits installierte Anlage bei einem Kunden in Indien aus, wenige Wochen später die nächsten zwei in Brasilien und so weiter.

Was meinst Du in diesem Fall, wer sollte für dieses Versäumnis die Verantwortung tragen? Wenn Du hier der Meinung bist, dass Dein Management das Thema hätte weiterverfolgen müssen, dann hättest Du im Beispiel der Flut auch der Meinung sein müssen, dass die Bezirksregierung und nicht das Umweltministerium schuld daran war, dass es die Berichte nicht verstanden hatte und danach auch nicht gehandelt hatte.

1.3 Warum Data Storytelling immer wichtiger wird

▶ Als Expert:innen stehen wir in der Verantwortung, unseren Zuhörer:innen auch das Gefühl der Dringlichkeit, der Notwendigkeit zum Handeln zu vermitteln.

Gerade bei disruptiven Nachrichten wird ein ungläubiges Publikum häufig anders reagieren als gewünscht. Ein besonders anschauliches Beispiel kann man sich in dem Trailer zum Netflix-Film „Don't look up" auf YouTube anschauen (Netflix 2021).

Ein Team von Wissenschaftler:innen sitzt im Oval Office des Weißen Hauses in den USA und versucht innerhalb kürzester Zeit der Präsidentin zu erklären, dass ein Komet auf die Erde zurast und diese mit nahezu 100 %iger Wahrscheinlichkeit zerstören wird. Allerdings versucht der leitende Wissenschaftler Dr. Randall Mindy, gespielt von Leonardo DiCaprio, so viele Details unterzubringen, die niemand im Raum versteht, und er dadurch die Aufmerksamkeit seiner Zuhörerschaft verliert. Diese unterbricht ihn und stellt zunächst seine Zahlen, dann seine Qualifikation als Wissenschaftler infrage. Letztendlich beschließen die Entscheider:innen das Thema zunächst auszusitzen: „sit and assess".

Es veranschaulicht, was wir in Unternehmen immer wieder sehen:

▶ Wenn ihnen Informationen gegeben werden, die sie nicht verstehen, sie keine Referenz besitzen, um eine Notwendigkeit zur Handlung ableiten zu können, oder diese Botschaft sogar so disruptiv ist, dass sie ihre Vorstellungskraft übersteigt, neigen Entscheider:innen dazu, keine Entscheidung zu treffen, sondern das Thema erst mal auszusitzen.

Häufig wird nach mehr Details gefragt. Gerne so lange, bis der Vortragende keine Antwort mehr findet, denn dann kann die Besprechung vertagt werden, bis noch mehr Informationen zusammengetragen wurden. Dabei resultiert ein Mehr an Informationen nicht notwendigerweise in einer höheren Entscheidungsqualität. Denn diese sinkt bei zu vielen Informationen wieder ab (Abb. 1.4).

Es existiert also ein Konflikt in der Kommunikation. Auf der einen Seite stehen die detailorientierten Expert:innen. Sie können in allen Berufen und mit allen Hintergründen vorkommen. Sie pflügen sich durch ihre Informationsquellen, wie Excel-Tabellen, Berechnungen oder Studien etc. Sie lassen nicht nach, bis sie die Nadel im Heuhaufen gefunden haben. Ihre Detailverliebtheit ist Fluch und Segen zugleich. Zwar werden sie die Lösung für das ihnen gestellte Problem in den Daten finden, sie scheitern aber häufig bei der

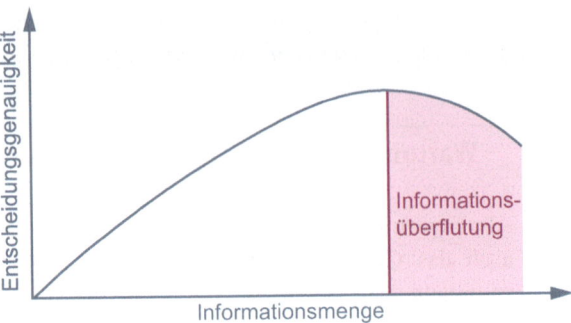

Kommunikation der Ergebnisse, weil sie oft ihrer fehlenden Abstraktionsfähigkeit zum
Opfer fallen. In dem vorangegangenen Beispiel gehört Dr. Mindy zu dieser Kategorie.

Auf der anderen Seite des Konflikts stehen die kreativen Visionäre im höheren Management. Sie haben in den Jahren gelernt, stets die Vogelperspektive einzunehmen, und
versuchen, Dinge in den Gesamtzusammenhang und ggf. auch politisch einzuordnen.
Die Informationsflut, auf die wir noch in einem späteren Kapitel genauer eingehen werden, macht es schwer, Wichtiges von Unwichtigem zu trennen. Der ständige Zeitdruck
und die gesunkene Aufmerksamkeitsspanne tun ihr Übriges. Es fällt dieser Kategorie
von Menschen schwer, den detaillierten Ausführungen der Expert:innen zu folgen. In
unserem Netflix-Beispiel wird diese Gruppe von der US-Präsidentin, gespielt von Meryl
Streep, und dem Chief of Staff, dargestellt von Jonah Hill, karikiert. Sie stellen die Zahlen infrage, versuchen die Aussage politisch zu ändern und wollen sie von den eigenen
Wissenschaftlern noch mal überprüfen lassen.

Stellen wir uns die Situation also wie folgt vor: Klaas ist ein Experte im Projekt-
controlling. Er wird von seiner Chefin Bettina eingeladen, Ergebnisse einer Analyse zu
präsentieren. Klaas ist ein typischer Number Cruncher, jemand der in Excel-Tapeten
liest wie andere die Zeitung zum Frühstück. Er weiß, es macht keinen Sinn, live in
irgendwelche Datenseen oder Analysetools abzutauchen, dazu ist die Geschwindigkeit
für einen zügigen Vortrag noch immer zu langsam. Stattdessen entscheidet Klaas sich
dazu, Snapshots von den Daten(banken) zu zeigen, also von dem Heuhaufen, in dem sich
die Stecknadel befindet, die er während der Analyse gesucht und gefunden hatte. In der
Präsentation beginnt er mit der chronologischen Sektion eben dieses Heuhaufens so, wie
er es bei der originären Stecknadelsuche bereits getan hatte. Nach ca. 25 min seiner halb-
stündigen Präsentation – heureka – erwähnt er fast schon beiläufig die Stecknadel. Damit
ist sein Job nun getan. Er wurde gebeten, die Stecknadel, das Problem, zu finden. Das hat
er nun erfolgreich darstellen können. Der Rest liegt nun nicht mehr bei ihm.

Stellen wir uns nun weiter vor, in dieser Präsentation sitzt nicht nur seine direkte
Chefin Bettina, sondern deren Chef-Chef Carsten. Er wurde von Bettina bereits infor-
miert, dass es ein Problem gibt, zu dem man nun Ergebnisse vorliegen habe. Dieses
Problem erscheint strukturell und bedarf einer Entscheidung von der Geschäftsführung.

Carsten ist die letzten Wochen und Monate von einem Standort zum nächsten gereist. Er ist angehalten in Summe ca. 10 % der Mitarbeiter:innen weltweit abzubauen, steht zudem unter enormem Kosten- und Zeitdruck. Für ihn steht es nicht mehr zur Debatte, 2–3 h im Monat an Kapazität freizuschaufeln. Er denkt in Millionen und in Deckungsbeiträgen bei der Fragestellung, ob es sich lohnt, über ein existentes Problem überhaupt nachzudenken. Er muss durch Innovation und Disruption die Abteilung in das Zeitalter der Digitalisierung führen und ähnliche, kreative Lösungen zur Kostenreduktion finden oder anderen seinen Platz überlassen.

Er weiß auch, dass es wichtig ist, Mitarbeitenden aufmerksam zuzuhören, wenn sie mit Problemen an ihn herantreten. Er sitzt nun seit 25 min in diesem Meeting und hört den Ausführungen des Controllers vor sich zu. Darüber, wie eine S-Verweis-Formel ihn erst einen Schritt weiterbrachte, er dann aber merkte, dass er hier einen Fehler in der Formel gemacht hatte, und sich dann doch dazu entschied, die Tabelle in einer Kopie noch einmal umzusortieren und über eine Pivot-Tabelle zu restrukturieren. Es stauen sich bereits jetzt die Anrufe, Nachrichten und E-Mails, die immer wieder das Display von Carstens Handys zum Leuchten bringen. Wenn er nicht durch irgendwas in der hintersten Synapse seines Gehirns in der 26. Minute des Monologs getriggert worden wäre, hätte er es womöglich gar nicht mitbekommen, als der Controller die Stecknadel, den gesuchten Grund für das Problem, präsentierte. Nach diesen Minuten, die sich wie Stunden anfühlen, wird das Kernproblem nahezu beiläufig erwähnt.

Da Bettina Klaas bereits gebeten hatte, seine Präsentation um 1–2 Lösungsansätze zu erweitern, skizziert dieser ebenfalls noch kurz, dass als einzig sinnvolle Lösung die Einführung eines neuen IT-Tools geeignet sei, bevor er seinen Vortrag beendet. Klaas und Bettina schauen Carsten nun erwartungsvoll an.

In solch detaillierten Vorträgen wird die Aufmerksamkeit der Zuhörerschaft stark strapaziert. Die Aussagen bedeuten inhaltlich eine starke kognitive Belastung für das Publikum und es kann sie nicht mehr verarbeiten. Die Gedanken der Zuhörer:innen gehen auf Wanderschaft. Impulse von Handy und Laptop lenken sie dann ebenfalls schnell ab. Kommt es nun im Anschluss zur Frage der Entscheidungsfindung, macht sich häufig Unsicherheit bei den Entscheider:innen breit, ob sie alles verstanden haben, weil sie ja gedanklich nicht ganz folgen konnten. Entweder weil sie nicht mehr zugehört haben oder weil sie die Details einfach nicht verstehen. Manchmal liegt es aber auch daran, dass die Lösungsstrategie nicht konform zur politischen Agenda der Entscheider:innen ist. Was wird Carsten in unserem Fall also tun, wenn er nicht ganz den Ausführungen folgen konnte? Er wird nach mehr Details fragen. Auch der Handlungsaufruf ist so formuliert vielleicht nicht ganz eindeutig. Was bedeutet es denn, so ein neues IT-Tool einzuführen? Wie viel kostet es? Wie umfangreich sind die Maßnahmen zur Anpassung (Customization), wie viele Lizenzkosten kommen hinzu? Wie viele Mitarbeitende müssen geschult werden und wie lange dauert das alles? Häufig werden so viele Fragen gestellt, dass entweder den Expert:innen die Antworten ausgehen oder die Zeit für die Besprechung zu

Ende geht. In beiden Fällen wird das Thema vertragt. Wie bei „sit and assess" bedeutet dies, dass eine echte Handlung zur Lösung des Problems nicht eingeleitet wird.

Zu datenlastige und zu detaillierte Präsentationen werden diesen Effekt, dass sie ihr Publikum abhängen, immer wieder hervorrufen. Der Konflikt besteht darin, dass den Mitarbeitenden immer mehr Daten zur Verfügung stehen. Wenn es nach den Organisationen geht, sollen diese Daten natürlich zur Aufbereitung von Entscheidungsvorlagen genutzt werden. Die Kommunikation der Details dringt so einfach aber nicht an die Entscheider:innen durch und Entscheidungen werden deshalb verzögert oder ausgesessen.

1.4 Das Dilemma der Daten – Informationsüberflutung in der Digitalisierung

Dieser Konflikt wird sich im Zuge der Digitalisierung noch ausweiten. Unternehmen erheben immer mehr mit Daten, um darauf in Zukunft Entscheidungen treffen zu können. Nicht ohne Grund sind Datenanalyst:innen oder Data Scientists momentan auf dem Arbeitsmarkt sehr gefragt (Nagel und Litzel 2018). Unternehmen sehen die Verbesserung der Entscheidungsfindung durch die Digitalisierung als einen ihrer Hauptantreiber (Dr. Fuchs 2018, S. 3). Dadurch werden auch immer mehr Daten erhoben. In Studien wird davon ausgegangen, dass die globale Datensphäre 2025 ein Volumen von 175 Zettabyte erreichen würde. Um es bildlicher darzustellen, würde man diese auf Blue-Ray-Discs mit einer Speicherkapazität von 50 GB speichern, könnte man damit einen Turm bauen, der 23-mal zum Mond geht (Reinsel et al. 2018, S. 6).

Wir leben also nicht in einem Informationszeitalter, wir leben in einem Zeitalter, das uns mit Informationen, Daten und Reizen überflutet. Schätzungen zufolge haben wir in den Jahren von 2000–2002 so viel Daten generiert wie in den 40.000 Jahren zuvor. In den Jahren 2003–2005 hat sich diese Zahl bereits vervierfacht (BITKOM 2012, S. 12).

Natürlich bietet die Digitalisierung viele Chancen für die Wirtschaft, aber der Anstieg an Datenmengen bedeutet eben auch eine zusätzliche Belastung für die Menschen. Informationsüberflutung ist einer der wesentlichen Gründe für die Reduktion von Mitarbeiterproduktivität und aufgrund der Verschiebung von notwendigen Entscheidungen wird die Innovationskraft nachdrücklich gemindert. In den USA gab es hierzu bereits 2009 Schätzungen, dass diese verminderte Produktivität und Innovationskraft der US-Wirtschaft jährlich 900 Mrd. US-Dollar kosten (Hemp 2009).

Neben den Daten, denen wir uns in unserem Berufsalltag ausgesetzt sehen, gibt es auch die Daten, die nun ungehindert in unseren privaten Raum eindringen. So haben wir mehrere Endgeräte, die mit Klingeln, Vibration oder Aufleuchten um unsere Aufmerksamkeit buhlen. Die Unternehmenskommunikation und die der privaten Kanäle überschneiden sich immer mehr. Dazu sind es verschiedene Anwendungen, die wir ständig checken und bedienen. Laut der Stressstudie der Techniker Krankenkasse von 2021 gehört die Informationsüberflutung zu den Top-Stressoren (Techniker Krankenkasse 2021, S. 4).

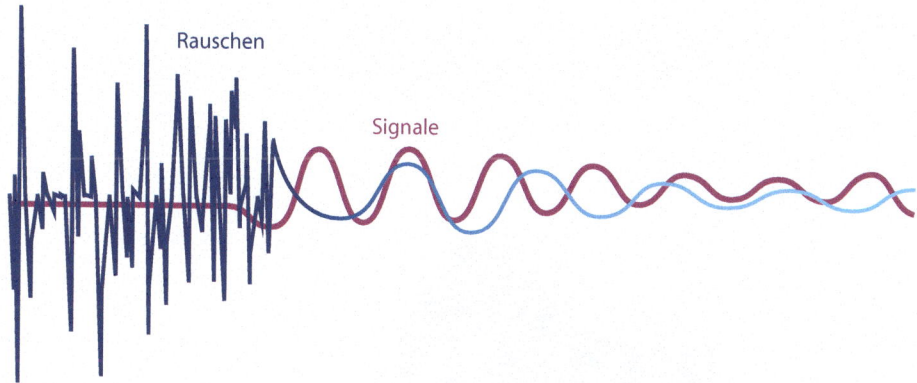

Abb. 1.5 Signal-Rausch-Verhältnis. ©Friederike Oehlerking 2024. All Rights Reserved

Wichtig ist also einen Weg zu finden, dass die Informationen, so wie in unserem Beispiel der Flut im Ahrtal, beim Empfangenden richtig ankommen und eine Entscheidung zur Handlung auslösen. Gerade datenlastige Präsentationen können diesen Zweck schnell verfehlen. Dadurch wird nicht nur die Zeit verschwendet, die es bedurfte, die Präsentation zu erstellen, sondern auch die Zeiten aller, die an dem Termin zur Vorstellung teilgenommen haben, nämlich dann, wenn keine Entscheidung getroffen werden konnte (= "sit and assess").

Wenn wir also unsere Kommunikation in das Signal-Rausch-Verhältnis übertragen, dann sind unsere Kernbotschaften die Signale, die es zu verstärken gilt. Das Rauschen ist der Lärm, die unnötigen Informationen, die man reduzieren muss (Abb. 1.5). Die nervenaufreibende Frage des Vorstandes, lediglich einen One-Pager (einseitigen Bericht) zu erstellen, ist nichts anderes als genau dieser Wunsch: Reduziere Dich auf das absolut Wichtigste!

1.5   Einordnung Data Storytelling

Die drei Elemente des Data Storytelling

- Die Daten
- Die Visualisierung und
- Das Narrativ

Dr. Hal R. Varian, emeritierter Professor an der University of California, Berkeley und Chefökonom von Google im Jahr 2009, drückte es folgendermaßen aus:

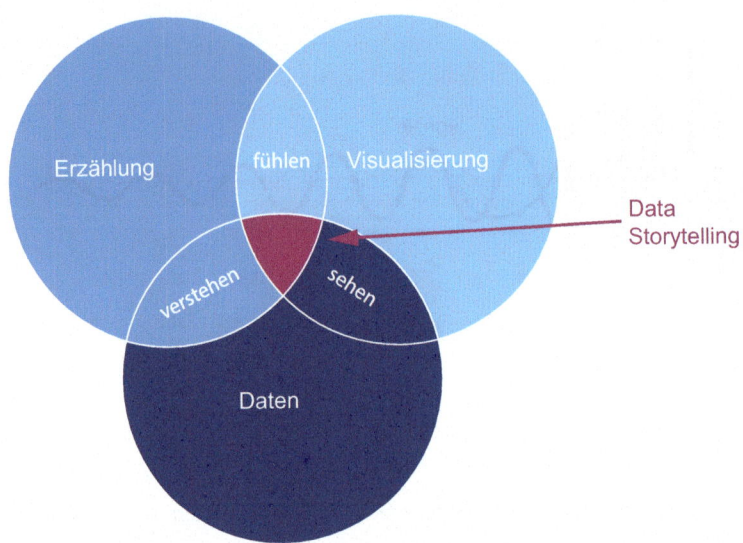

Abb. 1.6 Die drei wesentlichen Elemente von Data Storytelling. (In Anlehnung an Dykes 2020, S. 32; mit freundlicher Genehmigung von © John Wiley & Sons, Inc. 2023. All Rights Reserved)

"The ability to take data—to be able to understand it, to process it, to extract value from it, to visualize it, to communicate it—that's going to be a hugely important skill in the next decades" (Dr. Varian 2009).

Dies ist wohl eines der wichtigsten Zitate, die das Data Storytelling mitbegründete. Daraus ergeben sich die drei wesentlichen Elemente des Data Storytelling, wie in Abb. 1.6 dargestellt.

Die ersten drei Aktionen (Daten verstehen, verarbeiten und Werte aus ihnen ziehen) sind in dem Element „Daten" inbegriffen. Beim Data Storytelling wird die Datenanalyse vorangesetzt und ist nicht mehr Teil des eigentlichen Geschichtenerzählens. In unserem vorangegangenen Beispiel wurdest Du von Deiner Führungskraft gebeten, herauszufinden, warum die Maschine in Deinem Projekt nicht performt. Auf der Suche nach Gründen dafür befindest Du Dich in der explorativen Phase (Abb. 1.7). Hier können verschiedene Mittel und Wege genutzt werden, um eine Antwort zu finden. Je nach Problemstellung steigst Du eventuell in Datenseen und Dashboards ab oder wertest selbst Excel-Tabellen aus. Oder Du hältst einen Workshop zum Brainstorming, zur Wertschöpfungsanalyse oder Ähnlichem mit Deinen Kollegen. Am Ende sind es vor allem Tätigkeiten, in denen Du Daten erhebst, analysierst und hoffentlich aus ihnen auch Erkenntnisse ziehst. Sie erklären Dir zum einen mehr über die Gründe für das Problem und zum anderen geben sie Dir Hinweise auf mögliche Lösungsszenarien. Wenn Du Dir nun sicher bist, dass Du Dir einen umfassenden Über- und Einblick in die Materie verschafft hast, und überzeugt bist, Lösungsansätze gefunden zu haben, geht es an die Kommunikation Deiner Erkenntnisse.

Abb. 1.7 Einordnung in den analytischen Weg der Wertschöpfung. (In Anlehnung an Dykes 2020, S. 16; mit freundlicher Genehmigung von © John Wiley & Sons, Inc. 2023. All Rights Reserved)

Das ist die Datengeschichte. Sie dient nun als Entscheidungsvorlage für Dein Publikum. In unserem Fall wird es eine Besprechung mit Deiner Führungskraft geben, in der Du Deine Erkenntnisse vorstellst.

▶ Datengeschichten müssen nicht immer mit einer Präsentation oder generell einer Visualisierung einhergehen, sie können auch in einem einfachen Gespräch stattfinden, mit oder ohne visuelle Hilfsmittel.

Das Erzählen der Datengeschichte ist nun die explanatorische Phase. Auf die Datengeschichte folgen dann also eine Entscheidung, eine Handlung und die Wertschöpfung aus dem Handeln (Dykes 2020, S. 10–16). In unserem Beispiel wäre das im positiven Fall die Entscheidung Deiner Führungskraft, Deiner Handlungsempfehlung zu folgen, proaktiv die notwendigen Schritte einzuleiten und damit viele Mehrkosten und den Reputationsschaden abzuwenden, auch wenn es bedeutet, jetzt Geld in die Hand nehmen zu müssen.

Datengeschichten, die zu einer Handlung motivieren sollen, müssen u. a. drei wesentliche Attribute beinhalten: Ihr Handlungsaufruf muss **realisierbar** sein, er muss **wahr** sein und einen **Mehrwert** für das Publikum **schaffen** (Dykes 2016). Nur dann können wir erwarten, dass die Entscheidungsträger:innen auch wirklich in Aktion treten. Beim Attribut der Realisierbarkeit geht es darum, im Vorfeld abzuwägen, ob das, was der Vortragende von seinem Publikum verlangt, auch wirklich machbar ist. Was nützt es, unrealistische Anforderungen zu stellen? Es gilt das Prinzip der „low hanging fruits": mit wenig Arbeitsaufwand die großen Früchte ernten. Bei den Entscheidungsträger:innen bedeutet das, je kleiner die Schwelle zum Handeln, desto eher werden die Entscheidungsträger:innen die Entscheidung treffen, besonders wenn der Ertrag dabei für sie lukrativ erscheint.

Die Notwendigkeit für die Wahrheit der dargestellten Informationen und Schlussfolgerungen liegt auf der Hand. Die Daten müssen bereits während der Datenanalyse auf Korrektheit geprüft werden. Die Datenqualität muss gerade bei disruptiven Schlussfolgerungen und Handlungsaufforderungen einer detaillierten Prüfung standhalten können. Je größer die Datenmenge, desto wahrscheinlicher sind Mängel in der Datenqualität, die bis zu einem bestimmten Punkt noch verträglich sind. Ein offener Umgang und Aufnahme verschiedener Szenarien können bei der Diskussion helfen. Nur wenn man das Vertrauen in die eigenen Daten beim Publikum herstellen kann, wird es die Transferleistung zu den Schlussfolgerungen und damit zum Handlungsaufruf erbringen.

Bei dem Punkt des Mehrwerts sollte man ebenfalls nicht aus dem Auge verlieren, dass man, wenn man für ein Wirtschaftsunternehmen arbeitet, Kosten für etwaige Maßnahmen in ein Verhältnis setzen sollte. Wenn zum Beispiel in einem Projekt vergessen wurde, Ersatzteile mit der Hauptlieferung zu verschiffen, ist es eventuell nicht wirtschaftlich, diese Teile nun mit einem Cargoflieger hinterherfliegen zu lassen, auch wenn dies durchaus machbar wäre. Auf der anderen Seite: Sollten diese Ersatzteile ebenso wie die Hauptlieferung Vertragsstrafzahlungen in Millionenhöhe auslösen, kann es durchaus wirtschaftlich sein, diese Teile mit dem nächsten Flieger, eventuell sogar mit dem Taxi, auf die Baustelle zu „eskortieren". Diese Abwägungen müssen also immer stattfinden.

1.6   Limitierungen von Datengeschichten

Data Storytelling hat aber auch seine Grenzen. Eine Datenvisualisierung, wie z. B. ein Dashboard, wird immer wieder mit einer Datengeschichte verwechselt. Sie alleine ist aber keine Geschichte. Es braucht die Erklärung und den Hinweis auf die Erkenntnis, die Kernaussage. Sobald dem Publikum diese nicht eindeutig „serviert" wird, sei es per Text oder durch die Erzählungen eines Präsentierenden, befindet sich das Publikum selbst in der Exploration. Die Betrachtenden versuchen nun selbst herauszufinden, was sie daraus lernen sollen. Ein Dashboard bietet eventuell die Basis, um darauf die Geschichte aufzubauen, aber nur wenn es kuratiert ist, also jemand den Moment einfriert und die Daten erklärt, kann es zur Datengeschichte werden. Dashboards haben ja zudem die Angewohnheit, in bestimmten Frequenzen, z. B. monatlich, aktualisiert zu werden. Unter Umständen ändert sich damit die Kernaussage in den Daten. Was gestern noch wichtig war, ist heute schon von einem anderen Umstand überholt.

Für mich sind auch Infografiken bei Präsentationen mit Vorsicht zu genießen. Sie können, wenn gut gemacht, eine Geschichte liefern und eine interessante visuelle Aufbereitung der Erkenntnisse sein. Damit bringen sie erstmal alles mit, was eine Datengeschichte liefern muss. Allerdings wird es schwierig, wenn man versucht, sie in einer Präsentation zu zeigen. Bei Infografiken werden häufig sehr viele Informationen sehr kompakt dargestellt, sodass sie Wimmelbildern ähneln. Diese können zwar interessant und sicherlich aufschlussreich gestaltet sein, man braucht aber einen Moment, bis sie sich einem erschließen. Daher sind sie zum Nachlesen gut geeignet, bei Präsentationen selbst lenken sie aber zu sehr ab, gerade wenn sie visuell ansprechend sind.

Ein anderes Beispiel, in dem eine Datengeschichte schwer wird, wenn auch nicht unmöglich, ist die Statusberichterstattung. Im Projektmanagement ist es ein Standardinstrument, das häufig im Projektmanagementprozess fest verankert ist. Es soll eine Art Soll-Ist-Vergleich über Zeit für die Stakeholder dokumentieren (InLoox o. J. a.). Hypothetisch gesprochen, sagen wir, wir haben ein perfektes Projekt, in dem absolut nichts schiefgeht, sondern alles nach Plan, ohne jegliche Störungsfaktoren. Dann würde ein Projektstatusbericht immer sagen: Alles super, bitte gehen sie weiter, es gibt hier nichts zu sehen. Richtig? Das ist das angestrebte Optimum von Statusberichterstattung: nicht auffallen, weil alles super läuft. In Projektstatuspräsentationen sollte man auch etwaige Probleme nicht erst vor Ort in der „Elefantenrunde" mit den Topführungskräften ansprechen. Die Projektleitungen sollten dazu angehalten sein, etwaige Probleme nicht erst in dieser Runde zu eskalieren, sondern bereits im Vorfeld, sodass alle Beteiligten die Möglichkeit hatten, sich auf dieses Thema vorzubereiten. Es soll verständlicherweise zum einen die Brisanz aus der Diskussion nehmen und zum anderen vielleicht noch wichtiger: Das Meeting sollte nicht die Abwicklung der Projekte und Lösung von Problemen bremsen. Wichtige Themen sollten sofort im Arbeitsalltag diskutiert werden und nicht damit ein paar Wochen gewartet und dann in der Statusberichterstattung das erste Mal angesprochen werden.

Diese Vorgehensweise kann dann aber auch bedeuten, dass es praktisch nichts Neues zu entdecken gibt. Die Projekte, die gut laufen, werden kaum zu solchen Veranstaltungen eingeladen, weil es nichts Kritisches zu berichten gibt. Die Krisenprojekte werden währenddessen lange diskutiert und eventuell im Nachgang zu engmaschig vom Management begleitet. Natürlich können auch über bekannte Probleme sinnvolle und fruchtbare Diskussionen geführt werden. Aber dem Spannungsbogen, der für eine Datengeschichte so wichtig ist, fehlt jegliches Überraschungsmoment, wenn das Publikum die Story inhaltlich bereits kennt. Das wiederum erschwert es dem Vortragenden, die Aufmerksamkeit des Publikums bei sich zu behalten. Wie Du trotzdem das Data Storytelling für Projektberichterstattung nutzen kannst, erfährst Du im folgenden Kapitel.

Was Dich in den nächsten Kapiteln erwartet
Das Kap. 2 beschäftigt sich in erster Linie mit der Kommunikation von Daten im Projektmanagement. Dabei unterscheide ich Projekt- und Projektportfoliomanagement, erkläre, wie Datenpräsentationen derzeit stattfinden und welche Trends sich diesbezüglich abzeichnen.

Kap. 3 zeigt ein paar wichtige Fakten auf, wie unser Gehirn funktioniert und was in unseren Köpfen bei Entscheidungen passiert. Es ist wichtig, sich bewusst zu machen, welche unbewussten Vorurteile oder Fehlschlüsse uns bei der Datenanalyse oder unser Publikum bei der Entscheidungsfindung beeinflussen.

In Kap. 4 werde ich durch den Prozess führen, wie man den Inhalt einer Datengeschichte erstellt. Von der Analyse des Publikums bzw. der Entscheider:innen und der Idee eines Aha-Moments über das Storyboard bis zum Einordnen der Präsentationsinhalte in einen Spannungsbogen.

Das Kap. 5 bearbeitet das Thema der Daten- und Präsentationsvisualisierung. Dazu schauen wir uns zunächst an, wie unsere Wahrnehmung funktioniert, wesentliche Gestaltprinzipien und Grundsätze für gutes Design. Anschließend tauchen wir tiefer in Datenvisualisierungen und woran man Datenmanipulationen erkennen kann.

Am Schluss in Kap. 6 findest du noch Hinweise zum Auftritt während der Präsentation und in Kap. 7 ein paar weitere, letzte Tipps.

Literatur

Bezos JP (2018) Letter to shareholders 2018. https://www.sec.gov/Archives/edgar/data/1018724/000119312518121161/d456916dex991.htm. Zugegriffen: 21. Sept. 2023

BITKOM (2012) Big Data im Praxiseinsatz – Szenarien, Beispiele, Effekte. https://www.bitkom.org/sites/main/files/file/import/BITKOM-LF-big-data-2012-online1.pdf. Zugegriffen: 21. Sept. 2023

Dr. Fuchs C (2018) Entscheidungsunterstützung im Zeitalter der Digitalisierung. CXP Group 2018 Studie. https://trendreport.de/wp-content/uploads/2019/03/BARC_Research_Note_Digitalisierung_Web_1804.pdf. Zugegriffen: 21. Sept. 2023

Dr. Varian HR (2009) Hal Varian on how the Web challenges managers. McKinsey & Company. https://www.mckinsey.com/industries/technology-media-and-telecommunications/our-insights/hal-varian-on-how-the-web-challenges-managers. Zugegriffen: 21. Sept. 2023

Dykes B (2016) A history lesson on the dangers of letting data speak for itself (09.02.2016). Forbes. https://www.forbes.com/sites/brentdykes/2016/02/09/a-history-lesson-on-the-dangers-of-letting-data-speak-for-itself/?sh=30a983a920e1. Zugegriffen: 21. Sept. 2023

Dykes B (2020) Effective data storytelling – how to drive change with data, narrative, and visuals. Wiley, Hoboken

Eppler MJ, Mengis J (2008) The concept of information overload – A review of literature from organization science, accounting, marketing, MIS, and related disciplines (2004). In Meckel M, Schmid BF (Hrsg) Kommunikationsmanagement im Wandel. Gabler. https://doi.org/10.1007/978-3-8349-9772-2_15. Zugegriffen: 21. Sept. 2023

Gabler Wirtschaftslexikon (o. J. a) Rückschaufehler. https://wirtschaftslexikon.gabler.de/definition/hindsight-bias-53950. Zugegriffen: 21. Sept. 2023

Hemp P (2009) Death by information overload. Harv Bus Rev. https://hbr.org/2009/09/death-by-information-overload. Zugegriffen: 21. Sept. 2023

InLoox (o. J. a) Projektbericht. https://www.inloox.de/projektmanagement-glossar/projektbericht/. Zugegriffen: 21. Sept. 2023

Jordan C (2022) Wenn Helfer Hilfe brauchen (23.01.2022). Tagesschau.de. https://www.tagesschau.de/inland/gesellschaft/traumatisierte-helfer-101.html. Zugegriffen: 21. Sept. 2023

LANUV (2021) Information zur hydrologischen Situation in NRW (13.07.2021 13:30 Uhr). https://www.lanuv.nrw.de/fileadmin/lanuv/wasser/lageberichte/20210713_Hydrol_Lagebericht_1.pdf. Zugegriffen: 21. Sept. 2023

Nagel C, Litzel N (2018) Data Scientists – heiß begehrt auf dem Arbeitsmarkt! (16.05.2018). https://www.bigdata-insider.de/data-scientists-heiss-begehrt-auf-dem-arbeitsmarkt-a-708584/. Zugegriffen: 21. Sept. 2023

Netflix (2021) Don't look up – Netflix Tudum Tease: "Sit tight and assess". Video. https://youtu.be/Op_v2PHDn-0. Zugegriffen: 21. Sept. 2023

Proplanta (2023) Wetter-Statistik Niederschlagsmengen. https://www.proplanta.de/wetter-statistik/niederschlag/proplanta_dwd_wetterstatistiken.php. Zugegriffen: 7. Aug. 2023

Reinsel D, Gantz J, Rydning J (2018) The digitization of the world – From edge to core. An IDC White Paper. S. 6

Spiegel (2021) Zwölf Tote in Wohnheim für Menschen mit Behinderung. https://www.spiegel.de/panorama/sinzig-zwoelf-tote-in-wohnheim-fuer-menschen-mit-behinderung-a-846e8ca7-8687-4e26-b317-903c6a4a54a9. Zugegriffen: 21. Sept. 2023

Techniker Krankenkasse (2021) Entspann Dich, Deutschland! TK-Stressstudie 2021

WDR Doku (2022) Die Flut – Chronik des Versagens. Video. https://youtu.be/0vqJteCBJjc?si=ttR1yqr9Y3bER1Yk. Zugegriffen: 21. Sept. 2023

Westdeutscher Rundfunk (2021) Ahrtal unter Wasser – Chronik einer Katastrophe. https://reportage.wdr.de/chronik-ahrtal-hochwasser-katastrophe. Zugegriffen: 21. Sept. 2023

ZDF (2022) Die Flut der Ahr in 3D. Video. https://www.zdf.de/nachrichten/heute-journal/er-flut-ahr-3d-100.html. Zugegriffen: 21. Sept. 2023

Projekt und Kommunikation

2

2.1 „Projektveteranengeschichten" nutzen

Als ich vor mehr als 15 Jahren im Projektmanagement anfing, arbeitete ich mit einem brillanten und engagierten Projektleiter zusammen. Wir hatten ein Projekt, das uns Sorge bereitete. Ich weiß noch genau, es war ein kalter Winter in diesem Jahr, viel Eis und Schnee, aber kein Tauwetter. Wir hatten mehrere Dampfturbinen bei unseren Kolleg:innen in Görlitz bestellt und mussten die Turbinen vom Hafen in Dresden an den Hafen Hamburg liefern. Dort sollten sie pünktlich auf das bereits bestellte Kundenschiff verladen werden, damit wir unseren Vertrag erfüllen konnten. Täten wir das nicht, drohten uns Vertragsverzugsstrafen. Wer sich im Anlagenbau ein wenig auskennt, weiß, dass solche „Pönalen" bereits nach wenigen Wochen in die Millionenhöhe steigen können. Man kann sich also den Druck vorstellen, unter dem wir standen, diese Lieferung pünktlich zu bewerkstelligen. In diesen eisigen Januarwochen machte uns allerdings das Wetter einen gehörigen Strich durch die Rechnung. Die Elbe führte aufgrund des wenigen Tauwetters zu wenig Wasser, sodass die Binnenschiffe in Dresden einfach nicht auslaufen konnten. Unser Liefertermin in Hamburg drohte zu kippen. Mein Kollege lief dieser Tage von einem Meeting zum nächsten, telefonierte die halbe Welt ab. Der Stress bei uns allen stieg, denn alle Optionen einer Lösung schienen aussichtslos. Wir hatten auch schon mal die Antonov als Transportmittel durchgerechnet, aber auch diese Möglichkeit blieb uns aufgrund des Zeitplans verwehrt. Eines Morgens, ich hatte mich gerade mit meinem Kaffee an meinen Schreibtisch gesetzt, stand mein Kollege plötzlich mit einem breiten Grinsen vor mir. „Wir haben es geschafft!", triumphierte er. Und dann erzählte er mir eine der unglaublichsten Geschichten, die ich bis dato gehört hatte.

Er hatte so viele Rädchen in Bewegung gesetzt, mit so vielen Beteiligten telefoniert, so viele Menschen mobilisiert, dass sich nun jemand tatsächlich dazu erbarmt hatte, den Staudamm in Tschechien aufzudrehen, um damit eine Welle durch die Elbe zu schicken.

F. Oehlerking, *Mit Daten überzeugen, mit Geschichten inspirieren*, https://doi.org/10.1007/978-3-662-68494-8_2

Auf dieser Welle konnten nun die Schiffe auslaufen und das ersehnte Ziel, den Hamburger Containerhafen, noch rechtzeitig erreichen. Ich war völlig baff und fragte: „Sowas können wir?" Er erwiderte mit einem Augenzwinkern: „Wir sind Projektmanager, wir können alles!"

Dies ist eine meiner persönlichen Lieblingsgeschichten, um Menschen das Projektmanagement näher zu bringen. Mit dieser Geschichte kreiere ich immer mehrere Sachen gleichzeitig: ein erstauntes Raunen in meinem Publikum, ein ausgeprägtes Interesse, eventuell doch im Projektmanagement arbeiten zu wollen, und vor allem vermittelt es ein sofortiges Verständnis, was ein Projektmanager macht: das scheinbar Unmögliche möglich. Ganz ohne Stichpunkte aus dem Jobprofil aufzulisten.

Gerade in einer Matrixorganisation, in der die Projektteammitglieder der Projektleitung nicht disziplinarisch zugeordnet sind, muss Letztere Wege zum Führen ohne Macht finden. Hier stehen Motivation und Inspiration im Vordergrund. Erfolgreiche Projektleitungen sehen über die Prozessvorschriften und Guidelines ihrer Organisation hinaus und versuchen ein positives Arbeitsklima zu schaffen. Sie moderieren durch eventuelle Konflikte in den Phasen der Teambildung (Forming, Storming, Norming, Performing, evtl. Adjourning (Tuckman 1965, S. 348–399)) und finden neue Wege, das Projekt zum erfolgreichen Abschluss zu führen. Strategisches Storytelling findet in der Führung von Mitarbeitenden immer mehr Anwendung. Auch über das Projektmanagement hinaus ist es ein wertvolles Instrument, Mitarbeitende zu halten, neue Bewerber:innen anzuziehen und der Belegschaft einen Sinn (Purpose) zu geben. Gerade um im War for Talents, dem Wettbewerb unter den Arbeitgebenden in Zeiten von Fachkräftemangel, die besten Talente auf dem Arbeitsmarkt für sich gewinnen zu können, ist das Storytelling also unverzichtbar.

Mich persönlich haben diese „Veteranengeschichten" immer sehr inspiriert. Wenn gestandene Projektmanager:innen glasige Augen bekamen, wenn sie von einer Krise in ihrem Projekt sprachen und berichteten, wie das Team sie gemeinsam gemeistert hat. Das sind auch die Geschichten, die häufig nur informell geteilt werden. Gerade das erfolgreiche Abwenden von Risiken taucht nicht immer in den Zahlen auf und ist deshalb nicht immer sichtbar für das höhere Management.

An der Statusberichterstattung vor diesem Management entscheiden sich häufig die persönlichen Karrieren der Projektleiter:innen. Sie sind oft die Schnittstelle zwischen der Datenanalyse und dem Topmanagement. Daher ist das Auftreten bei diesen Veranstaltungen für die eigene Karriere nicht zu unterschätzen. Man sollte auf jeden Fall seine Rhetorik- und Präsentationsfähigkeiten aufpolieren, die Inhalte stimmig und stichhaltig aufbereiten und sich im Vorfeld gut überlegen, was man vom Publikum möchte und woran sich die Zuhörerschaft am Ende erinnern soll. Hier stehen die Projektleitungen selbst auf dem Prüfstand, nicht nur ihr Projekt. Mit Souveränität und leicht erklärten Inhalten können sie gut überzeugen. Diese positiven Vorkommnisse in den Projekten können für eine Projektstatusberichterstattung im Sinne des Data Storytelling hervorragend genutzt werden. Gerade wenn sich daraus auch noch Learnings, also Lerneffekte, für das gesamte Unternehmen ableiten lassen, darf man gerne „Gutes tun und darüber reden". Auch wenn dieses Sprichwort eher eine Missachtung für diese Tätigkeit ausdrücken soll, darf es in Projektberichterstattung in dieser Deutung keine Anwendung finden. Nur so lassen sich die Umstände, in denen das Risiko überhaupt erst aufgetaucht ist, für die Zukunft und neue Projekte vermeiden.

Die Veteranengeschichten sind aber auch echte Perlen für die Berichterstattung im darüber gelagerten Projektportfoliomanagement.

▶ **Begriffserklärung Projektmanagement (PM) und Projektportfoliomanagement (PPM)**
„Projektmanagement konzentriert sich auf den Abschluss eines einzelnen Projekts. Projektportfoliomanagement nimmt dagegen alle laufenden und potenziellen Projekte und ihre Machbarkeit zum Erreichen der Unternehmensziele in den Blick" (Lynn o. J. a.).

Denn je höher die Ebene, auf der die Berichterstattung stattfindet, desto mehr bewegt sie sich weg vom einzelnen Projekt und den Menschen und Themen, die dahinterstehen, hin zu abstrakten Zahlen. Während es einer Projektleitung noch gelingt, aus dem eigenen Projekt Anekdoten zu schöpfen, wird für die Projektportfolioleitung die Berichterstattung immer unpersönlicher und emotionsloser. Und das ist, was die Statusberichterstattung im Projektportfolio massiv erschwert. Je unpersönlicher und abstrakter die Inhalte, desto schwieriger ist es, Statusberichterstattung interessant und kurzweilig zu gestalten. Es werden standardisierte KPI (Key Performance Indices) vorgeben, die zu berichten sind. Wenn die reguläre Statuspräsentation dann nur noch in das Abarbeiten dieser KPI resultiert, dann kann sich jeder die gelangweilten Gesichter der Zuhörerschaft vorstellen. Kann allerdings in solchen Momenten eine Erfolgsgeschichte, wie die zu Anfang dieses Kapitels, zum Besten gegeben werden, fühlen sich die Menschen am Konferenztisch angesprochen und inspiriert. Fairerweise passiert Ähnliches auch in Krisenmomenten, aber die werden ohne unsere ausdrückliche Mithilfe bereits umfassend in Organisationen kommuniziert.

2.2 Datenseen als Zukunft der Projektportfolioberichterstattung

Probleme mit Datenseen

- Technisches Mapping
- Inhaltliche Harmonisierung der Daten
- Nutzerakzeptanz
- Datenqualität
- Transparenz der Daten ohne Kontext führt zu unstrukturiertem, informellem Informationsfluss

Das Projektportfoliomanagement arbeitet inzwischen häufig mit Datenseen. Diverse KPI der Projekte werden so über die eventuell global verteilten Projekte und Projektanteile harmonisiert und zentral im Datensee verfügbar gemacht. Aller Anfang ist dabei schwer. Bei der Einführung von Datenseen ergeben sich wesentliche Hürden. Zunächst müssen die Daten aus den verschiedenen ERP-Systemen (= Enterprise Resource Planning), die durchaus unterschiedlich sein können, gemappt werden. Dabei ist wichtig, nicht nur blind nach der Bezeichnung der Daten zu gehen, sondern stets zu hinterfragen, ob das Verständnis dahinter auch überall dasselbe ist. Nimmt man beispielsweise das Datum für den Projektabschluss, ist die Frage, ob es sich dabei um das Datum handelt, an dem der Kunde keinen vertraglichen Anspruch mehr hat, ist es das Datum zum Abschluss der Errichtung der Anlagen oder Ende der Gewährleistung oder aber viel einfacher, ist es das Plandatum, an dem man das Projekt im System als inaktiv setzen darf? Erst wenn das Verständnis an allen Quellen des Datensees gleich ist, darf die Information darin synonym verwendet und konsolidiert werden. Hat man das Mapping und auch das Verständnis der Daten hergestellt, geht es darum die Nutzerakzeptanz in den Griff zu bekommen. Häufig setzen nicht alle Standorte in solch einem Netzwerk gleichzeitig die Pflege in den Datensee sicher. Hier werden Kampagnen benötigt, immer wieder die Vorteile des Datensees zu bewerben und das Nichtpflegen zu sanktionieren. Im Anschluss werden Monate dazu benötigt, die Datenqualität zu prüfen, zu erhöhen und eventuelle Fehler auszumerzen. Erst wenn all das kontinuierlich getan wurde, werden die Daten zur Transparenz- und damit Effizienzsteigerung tatsächlich nützlich.

Natürlich bieten Datenseen wesentliche Vorteile, die eine Einführung innerhalb von Digitalisierungsstrategien unverzichtbar machen. Die Transparenz und Zugänglichkeit von Daten (Datendemokratisierung) hingegen haben häufig auch Nachteile. Früher fand eine Kommunikationskette Level für Level statt und wurde aus natürlichen Beschränkungen (z. B. limitierter Datenzugänglichkeit) eingehalten. Heute sind Daten, sobald im System eingetragen, auch an allen Ebenen im Unternehmen sofort, spätestens nach einem Monatsabschluss, verfügbar. Da an finanzielle Bewegungsdaten selten Begründungen für Veränderungen angehängt werden können, fehlen einem vom Projekt entfernteren Level häufig die Zusammenhänge. Bei frei verfügbaren Zugängen sind viele vereinzelte Rückfragen also vorprogrammiert. Und zwar **von allen an alle zu jeder Zeit**. Grundsätzlich ist es begrüßenswert, wenn in der Organisationskommunikation die starren Strukturen aufgelöst und Ebenen überspringende, direkte Kommunikation ermöglicht wird. Allerdings werden bei komplett fehlenden Strukturen oder Kommunikationsketten zu viele Unbeteiligte in die Fragestellung involviert. Einige davon versuchen dann sogar die Fragen selbst mit einem Blick ins System zu beantworten, ohne dabei die exakten Hintergründe oder Interpretationen der Daten zu kennen. Fehlinterpretationen und -informationen sind die Folge. Diese werden dann wiederum zurückgespielt an die echte Quelle der Daten mit der Bitte um Klärung und so weiter. Diese Unruhe kostet nicht nur Nerven. Diese Art von „Flurfunk" gehört ebenfalls zu dem „Rauschen", den unnötigen Informationen, die wir reduzieren müssen, um der Informationsüberflutung entgegenzutreten. Wichtig ist daher

das Einhalten von vorher festgelegten Kommunikationsketten und Regeln zum Datenei-
gentum bzw. Datenzugang, auch auf höheren Ebenen der Organisation. Alternativ können
auch zentrale Datenanalyseabteilungen Abhilfe schaffen, die die Daten aller Abteilungen
kennen, organisieren und auswerten. Diese können Berichte erstellen, allerdings bedeutet
es eventuell wiederum Inflexibilität und Zeitverzögerungen in der Berichtserstellung.

Nichtsdestotrotz wird die Nutzung von Datenseen im Projektportfoliomanagement
immer wichtiger. In einer perfekten Welt, insbesondere bezogen auf Datenqualität und
-harmonisierung, können Algorithmen die Datenauswertung teilweise übernehmen und
z. B. die gewonnenen Erkenntnisse aus vergangenen Projekten in neue Projekte über-
führen. Schon heute sehen wir, wie auf Basis der Daten von abgewickelten Projekten
die Risikoprofile für neue Projekte angepasst werden. Handelt es sich zum Beispiel um
einen Kunden, der in der Vergangenheit immer erst zu spät gezahlt hat, kann eine KI
(künstliche Intelligenz) dem Vertriebsmitarbeitenden vorschlagen, die Vertragskonditionen
entsprechend anzupassen, um einen positiven Projekt-Cashflow sicherzustellen.

Primärnutzen der Daten aus dem See ist nach wie vor die Berichterstattung. Die
Demokratisierung der Daten erlaubt die Zugänglichkeit zu Rohdaten auf allen Ebenen
der Organisation. In Zusammenhang mit Business Intelligence Software, die inzwischen
wesentlich einfacher und intuitiver gestaltet ist, kann jede:r Manager:in aussagekräf-
tige Analysen unkompliziert fahren. Das erleichtert die Untersuchung der Daten in der
explorativen Phase der Berichterstattung ungemein. Auf Basis dieser Analysen sollen kritische Geschäftsentscheidungen so schneller getroffen werden. Da unsere Umwelt durch
die Digitalisierung also immer datenlastiger wird, versuchen Organisationen mehr „data
literacy" (Datenkompetenz) in die Fähigkeiten ihrer Mitarbeitenden zu bringen.

"Gartner defines data literacy as the ability to read, write and communicate data in context,
including an understanding of data sources and constructs, analytical methods and techni-
ques applied, and the ability to describe the use case, application and resulting value" (Panetta
2021).

Und genau dort, nämlich in der Kommunikation der Daten(erkenntnisse) hilft das Data
Storytelling.

2.3 Dashboards als Datengeschichte?

Als ich von meinem damaligen Chef gebeten wurde, in seinem monatlichen virtuellen
Termin mit all seinen Mitarbeiter:innen in der Finance-Community über meinen Bereich,
das kaufmännische Projektmanagement (CPM – Commercial Project Management), zu
sprechen und einen Überblick über unsere 450+ Projekte zu geben, beschloss ich dies
zu einem weiteren Testballon für mein Data Storytelling zu machen. Ich hatte mir im
Vorfeld die Präsentationen meiner Kolleg:innen angeschaut, die bereits bei einem solchen
Termin gesprochen hatten. Dies waren meistens Folien, die generell über den Status quo

in ihren Abteilungen genutzt wurden und waren für Präsentationen sowohl an Kund:innen und andere Externe als auch Topmanagement geeignet. Kurzum eine recht oberflächlich informierende Auflistung von Fakten. Grundsätzlich wäre es einfach gewesen, dieselben Folien zu nehmen, die ich selbst jeden Monat an mein eigenes Management berichtete, um über den Stand der Projekte anhand von KPI-Dashboards Auskunft zu geben.

Ich beschloss aber, es diesmal anders zu machen. Denn ich hatte mich gefragt, was ich mir bei dieser Gelegenheit erhoffte, wenn ich nun schon einmal mit der gesamten Finance-Community spreche. Das war in erster Linie: Datenqualität! Denn unsere KPI-Dashboards und meine eigenen Analysen basierten auf diesen Dateneingaben. Mir war es also wichtig, dass die Anwesenden eine emotionale Bindung zu meinen Informationen aufbauten, um so meinen Appell zur Datenqualität platzieren zu können.

Zunächst analysierte ich also die Struktur meiner Zuhörerschaft. Es war alles dabei. Meine eigenen Leute aus dem CPM, die genau wussten, wovon ich sprechen würde, waren dabei in der Minderheit der ca. 300 Zuhörer:innen. Ich musste also die CPMs erst mal gedanklich beiseitelassen und eine Analogie finden, die sowohl Teamwork als auch Projekte und Performance für die Menschen, die nicht im Projektmanagement arbeiteten, in den Vordergrund stellte. Ich entschied mich für das Bild ein Basketballspiels. „Stellt Euch vor", begann ich meine Präsentation, „jedes Projekt ist ein Basketballspiel. Wir spielen mehr als 450 Spiele gleichzeitig, jedes befindet sich in einem anderen Stadium der Spielzeit. Und wie wird der Erfolg, also ob wir ein Spiel gewinnen, gemessen? Wir sehen es auf der Spielanzeige. Stellen wir uns weiterhin vor, wir konsolidieren alle Spielanzeigen aus allen 450+ Spielen zu einem einzigen, um daraus Erkenntnisse abzuleiten, ob wir mit unserer grundsätzlichen Spielstrategie richtig liegen oder wir etwas ändern müssen. So erhalten wir ein KPI-Dashboard. Und so sieht unser KPI-Dashboard aus." Hier blendete ich einen Screenshot unseres sehr komplexen Dashboards ein, dass über die Projektportfolio-Performance Auskunft gab. Von Profitkalkulationen über Fehlleistungskosten zu Zahlungseingängen war hier sehr viel komplexes Wissen enthalten.

Ich fuhr fort: „Was sind nun die wichtigsten Merkmale, die für uns spielentscheidend sind? Dafür müssen wir uns nochmal die Spielregeln anschauen. Im Projektmanagement dient dafür das ‚Goldene Dreieck'. Ein Projekt muss 1. in der richtigen Qualität, 2. zu den richtigen Kosten und 3. innerhalb der richtigen Zeit abgewickelt werden. Exemplarisch zeige ich Euch nun je einen KPI, der genau das für uns misst, und erkläre Euch, wo wir Stand jetzt mit unseren Projekten dabei stehen."

Nachdem ich diese Ausführungen präsentiert hatte, setzte ich zu meinem Appell an die Finance-Community an. „Die Frage ist jetzt also, wie könnt Ihr beitragen, dass wir gemeinsam diese 450 Spiele gewinnen. Ich weiß, nicht jeder von Euch steht unmittelbar mit dem Projektteam auf dem Spielfeld. Aber unterschätzt Euren Anteil an unserem Erfolg nicht. Ihr gehört zu der Mannschaft hinter den Kulissen. Der Mannschaftsarzt oder -ärztin, die Physiotherapeut:innen bis hin zur Ernährungsexpert:in und Busfahrer:in. Alle tragen dazu bei, dass die Mannschaft Spiele gewinnt. Wir müssen auf der Basis von Euren

Dateneingaben, die sich in unser Dashboard konsolidieren, strategische Entscheidungen treffen. Und das können wir nur tun, wenn wir uns auf die Datenqualität verlassen können. Wir müssen an den Punkt kommen, dass wir nicht mehr die Inhalte auf ihre Richtigkeit überprüfen müssen, dann können wir schneller über Inhalte sprechen und unseren Teams helfen besser zu performen. Und daran ist jeder von Euch beteiligt."

Nach meiner Präsentation bekam ich Zuschriften von teilweise mir fremden Mitarbeiter:innen aus Ländern wie Saudi-Arabien, China und den USA, aus der Buchhaltung, dem Fertigungscontrolling und anderen kaufmännischen Abteilungen, wie interessant und inspirierend man meine Präsentation empfunden hatte und man endlich verstanden hatte, wie sich die Zahlen zusammensetzten.

Dashboards alleine sind kein Data Storytelling

Dashboards erfuhren in den letzten Jahren einen Boom. Der Markt für Analyse- und Business-Intelligence-Software wuchs weltweit im Jahr 2019 um 10,4 % auf 24,8 Mrd. US-Dollar (Gartner Research 2020).

Unternehmen ersetzen den angestaubten Begriff der „Balanced Scorecard" mit „KPI-Dashboard", inhaltlich werden beide aber häufig synonym verwendet. Dashboards wollen den Anspruch erheben, Echtzeitdaten anzeigen zu können. Technisch möglich, aber in der klassischen, betrieblichen Praxis, wenn es nicht gerade darum geht, Anbauteile im Lager der Fertigung zu lokalisieren, werden beispielsweise Finanzzahlen häufig erst zu Stichtagen im Monatsverlauf in den Quellsystemen hinterlegt. Erst nach finalen Kontrollläufen und automatisierten Berechnungen im Endlauf landen diese Zahlen dann sowohl in der Bilanzierung, dem Controlling und letztendlich auch im Datensee. Hierüber sind sie dann von der Business Intelligence automatisiert abgreifbar. Für viele Daten wäre es also gar nicht sinnvoll, in Echtzeit publiziert zu werden.

Bei den Dashboards wird sehr viel Wert auf Visualisierung der Daten gelegt. Diese Datenvisualisierung wird oft mit Data Storytelling gleichgesetzt. Aber auch hier gibt es Unterschiede. Die Visualisierung von Daten ist lediglich ein Teilbereich von Data Storytelling. Solange Dashboards nicht kuratiert werden, also eingefroren und kommentiert, kann sich die Kernaussage nach einer Datenaktualisierung komplett ändern. Aber nur, wenn es den Betrachtenden einfach gemacht wird, die Erkenntnisse sofort zu erkennen und als für sie relevant einzustufen, ergibt sich eine wirksame Datengeschichte. Im Projektportfoliomanagement helfen Dashboards für das tägliche Informationsupdate. Häufig werden sie per Screenshots für das Managementreporting in die Präsentationen eingefügt und kommentiert.

Und spätestens hier wird es langweilig. Die KPI werden Monat für Monat, Quartal für Quartal abgestottert und somit auch das letzte Fünkchen an Inspiration erstickt. Ich habe zu Statusberichterstattung schon die verrücktesten Herangehensweisen erlebt, um sie vermeintlich kurzweiliger zu gestalten: Verzicht auf PowerPoint-Präsentationen, keine Graphen, nur Stichpunkte, One-Pager etc. Nichts davon hilft wirklich. Was half, waren

Geschichten hinter den Zahlen. Nicht nur die negativen Geschichten, sondern auch besonders die positiven Geschichten gaben den Menschen im Raum wieder neue Inspiration. Als Projektportfolioleitung ist es daher absolut essenziell, diese „Perlen" im Portfolio ausfindig zu machen und weiterzugeben. Selbst wenn der Forecast tatsächlich erreicht wurde, kann man diese Geschichten einbetten. Anstatt also nur zu sagen, dass der Forecast erreicht wurde, könnte man auch sagen: Es war ein Wunder, dass wir den Forecast noch erreichen konnten, denn eigentlich hatten uns die Fehlleistungskosten aus dem Projekt XYZ wirklich die Zahlen verhagelt. Aber dann hat das Team aus dem Projekt ABC etwas wirklich Herausragendes geleistet … Diese Geschichten hören die Menschen gerne. Natürlich: Je außergewöhnlicher, desto besser, aber manchmal sind es eben auch die kleinen Dinge, die es wert machen, darüber zu sprechen. Eine besondere Teamleistung, eine gute Bindung zu Kund:innen oder Lieferant:innen, ein Risiko, das rechtzeitig erkannt und abgewendet werden konnte.

Die zunehmend datenlastige Berichterstattung macht das Data Storytelling demnach so notwendig.

2.4   Video ist die neue E-Mail?

Seit Jahrhunderten erzählt sich die Menschheit Geschichten. Was früher beim Lagerfeuer stattfand, erfuhr mit dem Buchdruck eine neue Dimension. Geschichten wurden niedergeschrieben, für die Ewigkeit festgehalten und in die Welt verteilt. Im betrieblichen Kontext nahm mit dem Einzug des Personal Computers die Kommunikation ebenfalls andere Formen an. Über die Zeit rückte die Welt durch den technischen Fortschritt näher zusammen. Früher war das Anrufen im entfernten Ausland wie den USA oder China eine Besonderheit. Heute ist es für viele das tägliche Brot. Die E-Mail revolutionierte in den 1980er-Jahren noch einmal alles. Diese Form der Kommunikation wurde inzwischen schon oft als tot bezeichnet. Trotzdem steigen die Zahlen der E-Mail-Nutzung immer noch (Lohmeier 2023a). Auch in der Zukunft zeigt sich ein eher steigender Trend zur Versendung von E-Mails (Lohmeier 2023b).

Zusammengefasst hat sich im Vergleich zur Geschichte am Lagerfeuer im betrieblichen Kontext das geschriebene Wort durchgesetzt. Nicht ohne Grund, denn in Unternehmen will man Abmachungen und Strategien so festlegen, den Arbeitsfortschritt dokumentieren oder eine Großzahl von Menschen gleichzeitig informieren etc. Allerdings bemerken wir einen beginnenden Wandel. Durch weiteren technischen Fortschritt rückt das Video immer weiter in den Vordergrund. Cisco brachte 2019 eine viel zitierte Studie heraus, in der man prognostizierte, dass Videos bis 2022 82 % des Konsumenteninternetverkehrs ausmachen würden. Dies sei eine Steigerung von bis zu 75 % im Vergleich zu 2017 (Cisco 2019, S. 2). Wir sehen, dass YouTube die zweitbeliebteste Webseite nach Google ist (Similarweb 2023). Andere Studien besagen, dass sich 89 % der Kunden aufgrund eines Videos zum Kauf eines Produktes oder eines Services überzeugen ließen (Wyzowl 2023). Eine Studie von TechSmith brachte es 2021 auf den Punkt: 83 % der Befragten präferieren Video als bevorzugtes Format für Inhalte, die Anweisungen und Informationen liefern (Dr. Bozarth 2021, S. 7).

In Organisationen werden diese Trends natürlich ebenfalls sichtbar: Online-Bewerbungsgespräche, Videokonferenzen und Erklärvideos halten immer mehr Einzug, nicht zuletzt wegen der Corona-Pandemie (Swissanimate 2023). Hinzu kommt, dass die Videos auch von der Geschäftsleitung immer informeller werden. Wo früher noch ein professionelles Videoproduzententeam engagiert wurde, sehen wir gerade den Einzug von informelleren Videos zur innerbetrieblichen Kommunikation. Gerade junge Führungskräfte sind eher dazu bereit, nicht nur Videoinhalte zu konsumieren, sondern auch zu produzieren und zur Verfügung zu stellen (Forbes Insights 2010, S. 8). Wir sehen also: Geschriebenes ist passé, Erzähltes kommt wieder. Und nun sogar on demand. Und das wird wiederum neue Wege fürs Storytelling eröffnen. Da, wo wir es in der geschriebenen Kommunikation bisher immer versucht haben, uns kurz zu fassen, können wir per Video nun in ein Geschichtenformat übergehen, eben ohne unser Publikum mit zu viel Text weiter zu überlasten. Beste Beispiele sind Keynotes, TED Talks oder politische Reden, die erfolgreich in eine Geschichte eingebettet sind.

2.5 Unterscheidung direkte und indirekte Präsentation

Befindet man sich als Präsentator:in im Raum mit dem Publikum oder versendet man die PowerPoint-Datei später per E-Mail, sind zwei sehr unterschiedliche Ansätze, die sich wesentlich auf die Inhalte der Foliensätze auswirken können. Wie oben beschrieben, neigen wir dazu, die Präsentation als Folienreport zu missbrauchen. Dabei schreiben wir den Text auf die Folie, den wir auch inhaltlich während der Präsentation wiedergeben. Dadurch wirken die Folien mit Text sehr überladen. Wir machen das aus verschiedenen Gründen. Erstens wollen wir uns selbst während des Vortrages daran erinnern, was wir erzählen wollen, und schreiben es daher in der Erstellungsphase auf die Folie. Zweitens wollen wir dieselbe Unterlage nach dem Vortrag ebenfalls an alle Teilnehmenden und andere Interessierten versenden, ohne Mehrarbeit hineinstecken zu müssen. Meist ergibt sich auf den Folien eine Art Zwischenlösung aus Halbsätzen, die für die Nichtanwesenden aber ebenso unverständlich wären wie Stichworte.

▶ Wir stecken also in einem Konflikt. Mehr Text auf der Folie bedeutet mehr selbsterklärenden Inhalt für diejenigen, die sich die Präsentation im Nachgang außerhalb des Vortrags ansehen müssen. Aber es bedeutet eben auch, dass der viele Text während des Vortrags selbst ablenkt. Umgekehrt: Schreiben wir nur wenige Worte auf die Folien und können so während des Vortrags besser den Fokus unseres Publikums auf uns und dem gesprochenen Wort halten, sind

die Foliensätze später eben nicht selbsterklärend für diejenigen, die nicht bei
der Veranstaltung dabei sein können.

Es gibt verschiedene Wege, dieses Problem zu lösen. Die erste Möglichkeit besteht darin,
zwei Versionen anzulegen: eine erste Version mit weniger Text für den Vortrag, eine
zweite mit mehr erklärendem Text für die Versendung. Allerdings bedeutet das eben
Mehraufwand beim Erstellen. Meine präferierte Möglichkeit ist das Nutzen des Noti-
zenfeldes in der Präsentation. Ich schreibe dort ausführlich die Inhalte hin, die ich in
der Präsentation erzähle. Es ist eine Art Transkript meines Vortrags. Der Vorteil hier ist,
dass ich im Referentenmodus von PowerPoint diese Notizen ebenfalls als Gedankenstütze
sehen und nutzen kann. Nach dem Vortrag wandele ich die PowerPoint-Datei dann in PDF
um, in dem sowohl die Folien und die dazugehörigen Notizen dargestellt werden. Eine
weitere Möglichkeit, gerade dadurch, dass die Vorträge häufig virtuell stattfinden, ist das
Mitschneiden der Veranstaltung. Aus meiner Erfahrung dämmt aber die Aufnahme des
Vortrags sehr schnell die Interaktivität und Beteiligung des Publikums ein. Antworten auf
Fragen sind auf einmal viel spärlicher, als wenn die Veranstaltung nicht mitgeschnitten
wird. Daher rate ich davon ab. Die Möglichkeit, die jetzt mit neuen Funktionalitäten in
PowerPoint machbar wird, ist das Aufnehmen des Vortrags außerhalb des Live-Termins
mit dem Publikum. Nutzt man die Option „Bildschirmpräsentation aufzeichnen", kann
man eine Art Film aufzeichnen, in dem die Folien gezeigt werden, während die Stimme
und damit der Vortrag aufgezeichnet werden. Das kann man dann als Video versenden.
Es gibt in neueren MS-Office-Versionen von PowerPoint nun auch die Möglichkeit, dass
man sich selbst als Präsentator:in filmt, nicht nur die eigene Stimme aufnimmt. Dabei wird
ein kleines Video auf jeder Folie hinterlegt. Dies ist eine gute Möglichkeit, der Präsentation eine noch persönlichere Note zu geben und es den Empfänger:innen so einfach wie
möglich zu machen, die Inhalte zu konsumieren. Die Schwierigkeit an dieser Vorgehensweise ist jedoch, dass es immer noch sehr viel Speicherplatz benötigt, gerade wenn man
ebenfalls mit hochauflösenden Fotos auf den Folien gearbeitet hat. Die Datei im Nachgang also per E-Mail zu versenden ist etwas problematischer, wenn man allerdings auf
gemeinsame Laufwerke in der Organisation zugreifen kann oder in anderen Programmen
für Zusammenarbeit (z. B. MS Teams, Slack) arbeitet, recht schnell lösbar.
    Es ist also sehr wichtig, sich über die Art und Weise der Versendung der Unterlagen
schon im Vorfeld Gedanken zu machen und zu verstehen, dass ein heute gängiger Folienreport häufig Gefahr läuft, seine Wirkung zu verlieren. Zudem können wir in der direkten
Präsentation stärker auf unser Publikum eingehen. Wir erkennen an der Körpersprache
unserer Zuhörerschaft viele Reaktionen, auf die wir wiederum unmittelbar eingehen können. Das gestaltet sich bei virtuellen Präsentationen schon etwas schwieriger, dennoch
kann auch dort das Publikum beispielsweise bei Fragen direkt eingreifen. Bei Aufzeichnungen oder dem Versenden von Folienreports haben wir als Vortragende keine Kontrolle
mehr darüber, wie die Empfänger:innen die Inhalte aufnehmen. Wir können nicht mehr

eingreifen und wir müssen sicherstellen, dass das Publikum die Informationen trotzdem in einer adäquaten Form „serviert" bekommt.

Wege zur Vermeidung von Folienreports oder ähnlichen Zwischenlösungen

- Zwei unterschiedliche Versionen erstellen
- Notizfeld für Transkript nutzen
- Live-Videomitschnitt des Vortrags
- Bildschirmpräsentation aufnehmen und als Video versenden bzw. veröffentlichen (nur mit Stimme oder mit Präsentator:in im Video)

Literatur

Cisco (2019) Cisco Annual Internet Report (2017–2022). White Paper

Dr. Bozarth J (2021) TechSmith Studie zur Videonutzung 2021. Studie. TechSmith Corp. Okemos, USA

Forbes Insights (2010) Video in the C-Suite – Executives embrace the non-text web. Studie. Forbes Insights, New York

Gartner Research (2020) Market share: analytics and business intelligence, worldwide, 2019 (20.05.2020). https://www.gartner.com/en/documents/3985421?_its=JTdCJTIydmlkJTIyJTNBJ TIyN2FiMWJjZGQtNTBjOC00ZDNmLWJjMjctZTVkZTUwNWU3YTI1JTIyJTJDJTIyc3R hdGUlMjIlM0ElMjJybHR%2BMTY4ODA2ODM3MX5sYW5kfjfMTY0NjdfZGlyZWWN0 XzQ0OWU4MzBmMmE0OTU0YmM2ZmVjNWMxODFlYzI4Zjk0JTIyJTJDJTIyc2l0ZUlkJT IyJTNBNDAxMzE0lN0Q%3D. Zugegriffen 21. Sept. 2023

Lohmeier L (2023a) Anzahl der versendeten E-Mails in Deutschland pro Jahr bis 2018 (05.05.2023). Statista. https://de.statista.com/statistik/daten/studie/392576/umfrage/anzahl-der-versendeten-e-mails-in-deutschland-pro-jahr/. Zugegriffen 21. Sept. 2023

Lohmeier L (2023b) Prognose zur Anzahl der täglich versendeten und empfangenen E-Mails weltweit bis 2026 (05.05.2023). Statista. https://de.statista.com/statistik/daten/studie/252278/umf rage/prognose-zur-zahl-der-taeglich-versendeter-e-mails-weltweit/. Zugegriffen 21. Sept. 2023

Lynn R (o. J. a.) Projektportfoliomanagement – eine Definition. PlanView. https://www.planview. com/dc/resources/guide/project-management-office-ppm-best-practices/project-portfolio-man agement-defined/#:~:text=Projektmanagement%20konzentriert%20sich%20auf%20den,der% 20Unternehmensziele%20in%20den%20Blick. Zugegriffen 21. Sept. 2023

Panetta K (2021) A data and analytics leader's guide to data literacy (26.08.2021). Gartner. https:// www.gartner.com/smarterwithgartner/a-data-and-analytics-leaders-guide-to-data-literacy#:~: text=What%20is%20data%20literacy%3F,case%2C%20application%20and%20resulting%20v alue. Zugegriffen 21. Sept. 2023

Similarweb (2023) Top Webseite-Ranking: Die meistbesuchten Webseiten. Similarweb LTD 2023. https://www.similarweb.com/de/top-websites/. Zugegriffen 22. Sept. 2023
Swissanimate (2020) 11 Trends für Ihre Mitarbeiter-Kommunikation (08.04.2020) https://www.swissanimate.ch/trends-mitarbeiterkommunikation/. Zugegriffen 22. Sept. 2023
Tuckman BW (1965) Developmental sequences in small groups. Psychol Bull 63
Wyzowl (2023) Video marketing statistics 2023. https://www.wyzowl.com/video-marketing-statistics/. Zugegriffen 22. Sept. 2023

Was passiert da in unserem Gehirn?

„When we read nonfiction, we read with our shields up. We are critical and skeptical. But when we are absorbed in a story, we drop our intellectual guard. We are moved emotionally, and this seems to leave us defenseless" (Gottschall 2012).

Wird eine Geschichte lebendig erzählt, erhält sie die Aufmerksamkeit unseres Publikums eher als eine Aufzählung von Fakten. Mit Geschichten gibt die Menschheit seit Jahrtausenden komplexes Wissen weiter. Gründe für das Geschichtenerzählen sind dabei vielfältig.

Wir wollen Lebenserfahrung und Wissen weitergeben, zum Handeln aufrufen, Normen und Werte vermitteln und nicht zuletzt dient das Geschichtenerzählen der Unterhaltung. Indem wir uns mit den Helden oder Antihelden der Geschichten identifizieren, löst die Reise der Hauptfigur Emotionen wie Freude, Wut, Angst etc. in uns aus. Wir werden in eine Art Trancezustand gesogen und auch wenn wir nicht jede Einzelheit nachvollziehen können, wollen wir wissen, wie die Geschichte ausgeht. Am Ende wird die Moral, also der Kern der Geschichte, aber verstanden. Dieser wird auch lange nach dem Ende einer guten Geschichte in unserem Gehirn gespeichert. Märchen aus unserer Kindheit können wir heute noch gut nacherzählen.

Und das ist ja für Präsentationen im Arbeitsalltag genauso erstrebenswert. Die vermittelten Erkenntnisse sollen auch nach der Präsentation noch im Kopf der Zuhörerschaft verbleiben, sodass sie in ein Handeln verwandelt werden können.

Schauen wir uns ein paar Fakten an, die erklären, wie unser Gehirn gestrickt ist und was da passiert, wenn wir Geschichten hören.

F. Oehlerking, *Mit Daten überzeugen, mit Geschichten inspirieren*, https://doi.org/10.1007/978-3-662-68494-8_3

3.1   Mythos Multitasking

Allen, die noch an die Existenz von Multitasking glauben, muss ich leider schlechte Nachrichten übermitteln: Das gibt es nicht. Jedenfalls nicht so, wie es die ursprüngliche Definition von Multitasking erklärt: „gleichzeitiges Verrichten mehrerer Tätigkeiten" (Duden o. J. a.). Unser Gehirn kann maximal zwischen zwei Tätigkeiten sehr schnell hin- und herschalten und von gleichzeitig kann hier auch keine Rede sein (Magda 2016). Das wird uns spätestens bewusst, wenn wir über die Gefahren der Handynutzung während des Autofahrens sprechen. Hier wird uns klar, dass es sich nicht um eine gleichzeitige Fokussierung handeln kann, sondern dass wir zwischen diesen beiden Tätigkeiten hin- und herwechseln. In diesem Beispiel sogar mit lebensgefährlichen Konsequenzen. Häufig erlebe ich, dass diese Tatsache keine echte Überraschung für meine Klient:innen ist. Es ist inzwischen schon recht bekannt, dass Multitasking in der ursprünglichen Definition nicht existiert. Dennoch sind viele nach wie vor der Meinung, dass es nicht hinderlich sei, jede Menge Text auf einer Folie zu zeigen, während man weiterhin unbeirrt den dazugehörigen Monolog abspult. Aus den Erkenntnissen, dass es keinen simultanen Fokus auf zwei Dinge gleichzeitig geben kann, sollten wir ebenso ableiten, dass sich unsere Zuhörerschaft auch nicht gleichzeitig den geschriebenen Text durchlesen und dem gesprochenen Wort zuhören kann. Das Gehirn versucht auch hier zwischen beidem schnell hin und her zu schalten. Mit dem ernüchternden Ergebnis, dass es den roten Faden bei beidem verliert. In solchen Momenten hilft es tatsächlich, wenn man sich zwingt, nicht die Folie zu betrachten, sondern nur den Worten zu lauschen. Allerdings ist das ja nun auch nicht der Sinn und Zweck von Präsentationen, oder? Für Vortragende ergeben sich zwei Alternativen. Man entscheidet sich entweder für sehr wenig Text oder, wenn man z. B. wegen eines Zitats unbedingt mehr Text nutzen will, man gibt dem Publikum eine Sprechpause, am besten direkt am Anfang, damit das Zitat gelesen werden kann. Das Vorlesen von Text, der 1:1 auf der Folie steht, ist häufig verpönt. Und bei regulären Inhalten stimme ich dem ebenfalls zu. Ein Zitat oder einen wichtigen Merksatz aber noch mal in den eigenen Redefluss einzubauen kann sehr effektiv sein, um sich in die Erinnerung der Zuhörerschaft zu brennen.

3.2   Sinkt unsere Aufmerksamkeitsspanne?

2015 brachte Microsoft eine Studie heraus. In dieser Studie wurde festgestellt, dass sich die durchschnittliche Aufmerksamkeitsspanne, also der Zeitraum, in dem sich ein Mensch auf eine einzige Sache konzentrieren kann, auf lediglich 8 s beläuft. Im Vergleich stellte man die Zahl aus 2000 vor, die noch bei 12 s lag. Zudem wurde darin erwähnt, dass die Aufmerksamkeitsspanne eines Goldfisches bei 9 s läge (Microsoft Canada 2015). Diese Zahlen und Interpretationen wurden im Nachgang viel kritisiert. Man wisse nicht, wie lang die Aufmerksamkeitsspanne bei Goldfischen sei, weil es darüber keine Untersuchungen gäbe. Darüber hinaus gibt es die Meinung, dass Menschen eher eine Tendenz zu übermäßiger Eile zeigen, wenn es um die Erledigung von Aufgaben und das Lösen von Problemen geht (Dr. Subramanian 2018, S. 1). Worauf wir uns sicherlich einigen können: Die Menschen sind in den letzten Dekaden ungeduldiger geworden. Mit dem schnellen Konsum von Inhalten, nicht zuletzt durch Social Media, wird alles schnell langweilig und mit diesem Tempo müssen wir auch in Datengeschichten mithalten können. Wir benötigen also schon früh einen „Knaller", einen „Hook", der uns in die Geschichte zieht und uns Lust auf mehr macht. Und meist haben wir dafür eben nur ein paar Sekunden. Das bedeutet auch, dass wir immer wieder einen Wechsel in unsere Geschichte bringen müssen. Unser Gehirn ist schnell gelangweilt und wir benötigen alle 10 min wieder etwas, das uns aufweckt. Eine Art Reset-Knopf (Medina 2014). Das kann ein Plot-Twist sein, aber auch ein Wechsel in den Medien, die wir nutzen. Ich nutze gerne Videoausschnitte, denn die lassen in kurzer Zeit Emotionen aufrufen oder eine Situation zusammenfassen, die gerade besprochen wird. Du kannst auch Fragen an das Publikum stellen oder eine andere Form der Interaktion wählen. Hier stellt das Gehirn von Zuhören auf Antwortsuche um. Beim Üben meiner Präsentationen, um zu schauen, dass ich im Zeitlimit bleibe und in den Inhalten und im Ablauf sattelfest werde, überprüfe ich ebenfalls, dass ich alle 10 min spätestens einen dieser Tricks anwende.

3.3 Spannung fördert Fokus

Diese Erkenntnis stammt aus der narrativen Psychologie. Den Teilnehmer:innen einer Studie wurden Ausschnitte aus Filmen gezeigt, während ihr Gehirn vom MRT (Magnetresonanztomograph) gescannt wurden. Dabei zeigte sich, dass das Gehirn, in eine spannende Geschichte eingetaucht, die Verarbeitung der Umwelt reduziert. Man ist völlig fokussiert auf die Buchseite oder den Film vor sich und bekommt um sich herum gar nichts mehr mit. In diesem Stadium der Spannung sind wir besonders aufnahmefähig für Informationen und Studien haben gezeigt, dass wir dann auch Inhalte eher akzeptieren und als realistisch empfinden (Bedzek et al. 2015, S. 338). Vielleicht ist das der Grund dafür, warum wir bei einem spannenden Film bereit sind, zu akzeptieren, dass die Held:innen noch am Leben sind, nachdem sie aus dem 4. Stock gefallen sind.

▶ Spannung stellt sich ein, wenn Konflikte für die Protagonist:innen erkennbar werden. Sie definiert sich als eine Mischung aus der Hoffnung auf einen positiven und der Angst vor einem negativen Ausgang für die Charaktere (Ortony et al. 1998, S. 131).

Nutzen wir also diese Spannung in unseren Datengeschichten, erreichen wir zum einen, dass wir die Aufmerksamkeit des Publikums bei uns behalten, und auf der anderen Seite, dass die Inhalte eher akzeptiert und erinnert werden. Spannung ist also ein Kernelement der Datengeschichte und wir müssen verstehen, wie wir einen Spannungsbogen aufbauen, damit unsere Datengeschichte erfolgreich sein kann.

3.4   Das limitierte Erinnerungsvermögen

Schätzungen zufolge kann unser Gehirn 2,5 Petabyte, also 2,5 Mio. Gigabyte speichern (Namaziandost und Ziafar 2020, S. 69). Zum Vergleich: Der im Jahr 2021 fünftschnellste Superrechner HAWK hat eine Hauptspeicherkapazität von 1,4 Petabyte. Das sind ca. 250.000 normale Arbeitscomputer. Und HAWK ist zudem immer noch eher „raumfüllend" an der Universität in Stuttgart im Gegensatz zu unseren Gehirnen (Forschung & Lehre 2020).

Dabei ist unser Gehirn aufgeteilt in Ultrakurz-, Kurz- und Langzeitgedächtnis. Das Gehirn ist nicht nur schnell gelangweilt, es ist auch sehr clever, wenn es um das Priorisieren von Aufgaben geht. Es versucht stets Energie zu sparen. Das Abspeichern von Informationen im Langzeitgedächtnis verbraucht viel mehr Energie. Interessante Informationen kommen vom Ultrakurz- ins Kurzzeitgedächtnis und erst, wenn sie richtig relevant für uns sind, ins Langzeitgedächtnis. Das meiste aber wird aus dem Ultrakurz- und Kurzzeitgedächtnis wieder gelöscht (ARD alpha 2021).

Stell Dir vor, Du stehst in der Bahnhofshalle und hast Dir gerade Dein Zugticket und die Sitzplatzreservierung gelöst. Du schlenderst noch etwas durch die Zeitschriftenläden, holst Dir Proviant für die Fahrt und begibst Dich nun Richtung Zug. Bis Du das richtige Gleis, den richtigen Abschnitt, den richtigen Wagon und letztendlich Deinen reservierten Platz gefunden hast, schaust Du wahrscheinlich genau wie ich 15-mal auf die Zahlen auf dem Ticket. Nicht, weil das Gehirn das nicht speichern könnte, sondern weil es clever genug ist, zu wissen: Es muss es nicht speichern. Die Information ist immer wieder auf dem Ticket abrufbar. Und damit spart es wiederum Energie.

3.5   Die wichtigsten drei Transportmittel

Wichtig für uns ist, dass wir Wege finden müssen, wie unsere Kernbotschaften aus unseren Datengeschichten schneller in das Langzeitgedächtnis unserer Zuhörerschaft dringen können. Auch hier können wir uns der Wissenschaft bedienen.

Unser Gedächtnis ist ein Wunderwerk. Manchmal sind es Gerüche, die eine Erinnerung triggern. Bei Demenzkranken experimentiert man mit Musikstücken aus der Jugend der Patient:innen. Es gibt noch viele Dinge, die wir über unser Gehirn herauszufinden versuchen.

▶   Für unseren Zweck sind dies die wichtigsten Transportmittel unserer Kern-
      botschaften bzw. Daten: Bilder, Emotionen und Geschichten.

Bilder (bzw. Videos)

Hierzu gibt es verschiedene Studien. Einigen zufolge können wir deutlich mehr Informationen behalten, wenn Bilder involviert sind. Andere Studien belegen, dass wir uns an ca. 95 %
der Inhalte eines Videos erinnern, aber nur an 10 % aus einem Text (Insivia 2023). In Summe
bezeichnet sich dies als „picture superiority effect", also das Phänomen, dass Bilder wahrscheinlicher erinnert werden als Text (Wikipedia o. J. a. a.). Warum das so ist, wird in
der Wissenschaft immer noch stark diskutiert. Für uns ist wichtig: Bilder (und dazu zählen
natürlich auch Videos) bringen Inhalte schneller in das Kurz- und Langzeitgedächtnis als
Texte oder als das lediglich gesprochene Wort.

Emotionen

Schon in den 1990er-Jahren wurden hierzu Versuche durchgeführt. Den Versuchspersonen
wurden bewegende und neutrale Filmszenen gezeigt, während ihr Gehirn im Tomographen
gescannt wurde. Besonders aktiv war die Amygdala, die Gehirnregion, die unter anderem für
Emotionen zuständig ist. Später wurden dann die Teilnehmenden nach ihren Erinnerungen
befragt. Die Sequenzen, in denen die Amygdala besonders aktiv war, wurden besser erinnert
als neutralere Ausschnitte (Seng 2018). Viele von uns können uns an den 11. September
2001 erinnern, wo wir waren und was wir gemacht haben. Ich kann mich noch sehr gut daran
erinnern, wo ich war, als Prinzessin Diana gestorben ist. Jeder hat individuelle Momente,
an die man sich noch im Erwachsenenalter aus der Kindheit erinnern kann. Aber weißt Du
noch, was Du vor zwei Wochen an einem regulären Tag zu Mittag gegessen hast?

      Natürlich erwartet niemand von Dir, dass Deine Präsentation mit Fotos und Videos von
kleinen Hundewelpen gespickt ist, damit sie Emotionen bei Deinem Publikum hervorruft.
Im Abschn. 4.2 werde ich näher darauf eingehen, wie Du Deine Botschaft so auf die Ent-
scheidungsträger:innen abstimmst, dass sie **für sie** als emotional wahrgenommen wird. Zur
Erläuterung: Mit emotional meine ich auch nicht „gefühlsduselig", sondern alle Formen von
Emotionen, wie z. B. Wut, Angst, Freude.

Geschichten

Wenn wir Fakten hören, sind lediglich zwei Bereiche in unserem Gehirn aktiv (Fresh content 2019). Die Beschreibungen, die aber durch eine Geschichte vermittelt werden, lösen
mehrere neurologische Stimuli in unserem Gehirn aus. Metaphern, die zum Beispiel Bewegung, Geruch, Geschmack oder Texturen beschreiben, aktivieren unseren sensorischen
und motorischen Kortex. Geschichten triggern darüber hinaus unser assoziatives Denken.
Durch neuronale Kopplung werden diese dann in virtuelle Erfahrungen umgewandelt. Diese
Gehirnregionen sind ebenfalls aktiv, wenn wir etwas selbst erleben. Auch deshalb, weil wir
uns mit den Charakteren identifizieren. Wir durchleben ähnliche Emotionen wie die Prot-
agonist:innen. Der Spiegeleffekt besagt, dass man bei Erzähler:innen und Zuhörer:innen

ähnliche Gehirnaktivitäten erkennen kann, wenn eine Geschichte erzählt wird. Und darüber hinaus lassen uns die Neurotransmitter, wie Dopamin, Cortisol, Oxytocin etc., körperliche Reaktionen erkennen. Wir schwitzen, unser Puls geht hoch, wir weinen oder lachen. All das führt dazu, dass wir besonders aufnahmefähig sind und uns besser erinnern (Sirakova 2020).

Unser Gehirn ist also auf Geschichten gepolt und warum sollten wir uns das nicht zunutze machen? Worte wie „Produktionskosten", „Deckungsbeiträge" und „Stundenhochlauf" lassen in unseren Köpfen keine Bilder entstehen. Aber Geschichten von Menschen, die in einem Konflikt stecken, schon eher. Analogien helfen uns Sachverhalte in einen uns bekannten Kontext zu setzen und damit einen Referenzrahmen zu schaffen. Wie häufig umschreiben wir eine Fläche in „Fußballfeldern", weil kaum ein:e Nicht-Landwirt:in weiß, wie viel 800 ha sind. Oder wie viele Badewannen sind 20.000 l? Sofort haben wir Bilder im Kopf, die uns helfen die Information zu verarbeiten und ein Gefühl für die abstrakte Zahl zu bekommen. Es sind übrigens ungefähr 1143 Fußballfelder und 133 Badewannen.

3.6   Wie wir Entscheidungen treffen

Starten wir mit einem kurzen Quiz. Ich möchte, dass Du die nachfolgende Frage mit Deinem natürlichen Instinkt beantwortest. Denk nicht lange nach, sondern antworte das Erste, was Dir in den Sinn kommt. Los geht's: Ein Ball und ein Schläger kosten zusammen 1,10 Euro. Der Schläger kostet 1 Euro mehr als der Ball. Wie viel kostet der Ball?

War Dein erster Instinkt 10 Cent zu antworten? Hast Du danach aber innegehalten und noch mal nachgerechnet? Genau! Die richtige Antwort ist nämlich 5 Cent. Intuitiv wollen wir aber gerne erstmal 10 Cent ausrufen.

Was passiert da in unserem Kopf? Das ist ein simples Beispiel für die Theorien, die der Nobelpreisträger Daniel Kahneman in seinem Buch *Schnelles Denken, langsames Denken* (2011, S. 61) beweisen konnte. Demnach gibt es in unserem Gehirn im Rahmen der Entscheidungsfindung zwei Systeme (Abb. 3.1). Das System 1 ist das schnelle, intuitive System, der Autopilot. Hier sind unser Bauchgefühl, unsere Vorurteile und unsere Gewohnheiten beheimatet. Es ist sehr emotional gesteuert und beinhaltet die Algorithmen, die wir in unserer Sozialisierung abgespeichert haben. Wie gesagt, das Gehirn versucht immer, Energie zu sparen, und durch diese Abkürzungen muss es nicht jede Situation immer wieder komplett neu berechnen. Der Vorteil ist, dass dieses Bauchgefühl sehr schnell zur Hand ist. Der Nachteil: Es ist weit weg von perfekt. Für unser normales (Über-)Leben reicht das. Das System 2 verbraucht deutlich mehr Energie. Es ist langsamer und rechnet alles noch mal genau nach. Wir müssen das System 2, den Piloten, im Gegensatz zum System 1 bewusst einschalten. Zwar können wir diesen „Kritiker" einschalten, aber nicht immer kann er sich gegenüber den Emotionen in System 1 durchsetzen (Kahnemann 2011, S. 62–64). Bei mathematischen Fragen ist das noch recht einfach. Da gibt es nur

System 1:
Autopilot

System 2:
Pilot

ein Richtig oder Falsch. Aber was, wenn die Frage nicht mathematisch lösbar ist? Option A oder B, beides hat Vor- und Nachteile?

Kahneman hat nachgewiesen, dass Entscheidungen weitestgehend emotional getroffen und später logisch legitimiert werden. „Anstatt in den gesunden Apfel zu beißen, nehme ich das Stück Schokolade, denn morgen werde ich ja Joggen gehen. Also, wenn es nicht regnet."

Machen wir einen kleinen Ausflug in die ökonomische Standardtheorie. Hier gibt es schon lange die Theorie des Homo oeconomicus, des Nutzenmaximierers (Gabler Wirtschaftslexikon 2021). Sie besagt, dass ein Mensch, dem alle Informationen zur Verfügung stünden und der diese auch sofort verarbeiten könnte, sich immer für die Option mit dem Nutzenmaximum entscheiden würde. Das würde bedeuten, dass der Mensch vollkommen rational in seinen Entscheidungen sei. Diese Theorie stimmt aber nicht mit den realen Beobachtungen überein. Es werden die persönliche Agenda und begrenzende individuelle Verarbeitungsprozesse außer Acht gelassen (Volnhals und Hirsch 2008, S. 50).

Colin F. Camerer (1997, S. 407–441), ein US-amerikanischer Ökonom und Professor für Wirtschaftswissenschaften am California Institute of Technology, lieferte in den 1990er-Jahren einen Beleg dafür. Er beobachtete das Verhalten von Taxifahrern in New York. Diese hatten flexible Löhne und waren zu der Zeit am Umsatz beteiligt. Nun würde man erwarten, dass die Fahrer an solchen Tagen, an denen viel los ist, ein wenig mehr arbeiten, um die Tage, an denen weniger los ist, zu kompensieren. Camerer beobachtete jedoch ein anderes Verhalten. Die Taxifahrer setzten sich ein tägliches Umsatzziel. An den Tagen, an denen viel los war, machten sie früher Feierabend, sobald das Umsatzziel erreicht war. An den Tagen, an denen weniger los war, mussten sie dafür umso länger arbeiten, um das Ziel zu erreichen.

Die Theorie des Homo oeconomicus stimmt also mit den Beobachtungen in der Praxis nicht überein. Demnach ist Logik auch nicht immer die Lösung aller Probleme! Und das müssen wir bei unseren Präsentationen, wenn wir Entscheidungen zum Handeln auslösen wollen, stets im Hinterkopf behalten. Nur wenn wir das Publikum oder die Entscheidungsträger:innen auch emotional auf unserer Seite haben, können wir das zustimmende Nicken für uns gewinnen.

Fassen wir zusammen

- Wir Menschen sind hochgradig irrationale Wesen
- Das Bauchgefühl und damit der Weg des geringsten Widerstands wird von unserem Gehirn priorisiert
- Entscheidungen werden emotional getroffen und später logisch legitimiert

Wenn wir über menschliche Entscheidungen sprechen, müssen wir natürlich auch über "unconscious bias", also unbewusste Vorurteile, und Fehlschlüsse sprechen. Unbewusste Vorurteile sind unbewusste Diskriminierungen und Stereotypisierungen, die auf Herkunft, Geschlecht, Sexualität, Alter etc. basieren (Dr. Tsipursky 2023). „Frauen muss man die Technik immer zweimal erklären", wäre ein Beispiel für ein unbewusstes Vorurteil. Fehlschlüsse sind auf Fehler in der Logik zurückzuführen. Zu sagen: „Ich bin nicht dick, denn ich bin dünner als Stefan", ist ein Fehlschluss in der Logik, also das, was wir bei den Taxifahrern in New York beobachten konnten.

Es gibt eine riesige Menge an Bias und Fehlschlüssen, auf die ich nicht alle eingehen kann, aber ein paar lohnt es sich im Zusammenhang mit Entscheidungsfindung genauer anzuschauen. Wichtig ist dabei, dass wir alle diesen Vorurteilen und Irrglauben unterliegen können. Sie sind nicht ausschließlich bei den adressierten Entscheidungsträger:innen vorhanden. Auch in der explorativen Phase unserer Datenanalyse können wir z. B. dem Bestätigungsfehler unterliegen. Daher lohnt es sich auch, bereits die eigene Arbeit bei der Erstellung der Datengeschichte in dieser Hinsicht zu überprüfen.

Bestätigungsfehler (Confirmation Bias)
Dieses Vorurteil liegt vor, wenn jemand nur die Informationen aussucht, die die bestehende Überzeugung oder Hypothese bestätigen, und widersprechende Informationen ignoriert (Nickerson 1998, S. 175). Gerade beim verschwörungstheoretischen Denken sehen wir eine starke Ausprägung dieser unbewussten Informationsselektion. Die Wahrnehmung sensibilisiert sich besonders auf die Dinge, die die eigene Theorie bestätigen (Jaster und Lanius 2019, S. 52–55). Von Natur aus kann man es dem Gehirn auch nicht verdenken, dass es hier wählerisch vorgeht. Es wird sekündlich mit einer großen Menge an Informationen konfrontiert. Dieser Bewältigungsmechanismus dient wie andere Heuristiken im System 1 dem Energiesparen.

Für das Data Storytelling bedeutet das, dass man sich also dessen bewusst sein muss, dass Menschen diesem Bias unterliegen könnten: sowohl man selbst während der Phase der Datenanalyse als auch die Entscheider:innen als Informationsempfänger:innen während der

Präsentation (Abb. 3.2). Gerade bei disruptiven Kernbotschaften, also Informationen, die die bestehende eventuell eingesessene Denkweise **zerstören** würden, treffen neue, konträre Erkenntnisse schnell auf Gegenwind. Darauf muss man sich vorbereiten und genug Beweise für seine Argumente liefern können.

Selbstüberschätzung (Overconfidence Bias)

Selbstüberschätzung (Abb. 3.3) liegt vor, wenn das subjektive Vertrauen einer Person in ihr eigenes Urteilsvermögen ständig höher ist als die objektive Richtigkeit ihrer Urteile (Pallier et al. 2002, s. 258). Dabei kann Selbstüberschätzung in drei unterschiedlichen Ausprägungen stattfinden: erstens die Überschätzung der eigenen tatsächlichen Fähigkeiten, Leistung, Kontrolle oder Erfolgschancen, zweitens die Selbstüberschätzung im Vergleich zu anderen Menschen und drittens die Überpräzision, also die übermäßige Sicherheit in Bezug auf die Genauigkeit der eigenen Überzeugungen (Moore und Healy 2018, S. 3–5).

Ein prominentes Beispiel für Selbstüberschätzung trug 1986 zum Reaktorunglück in Tschernobyl bei. Im Rahmen eines letzten Sicherheitstests, der die Inbetriebnahme des

Abb. 3.2 Bestätigungsfehler bei Datenanalyse und Präsentation. ©Friederike Oehlerking 2024. All Rights Reserved

Abb. 3.3
Selbstüberschätzung.
©Friederike Oehlerking 2024.
All Rights Reserved

Reaktors nach mehreren Jahren endlich abschließen sollte, wurden viele Fehler gemacht. Es wurden Sicherheitsprotokolle missachtet, Mitarbeitende massiv unter Druck gesetzt und so der Test mit aller Gewalt fortgesetzt, obwohl die technischen Voraussetzungen in einigen Prozessschritten gar nicht mehr gegeben waren. Der Test, selbst wenn er nicht zu diesem Unglück geführt hätte, wäre in jedem Fall auf Basis seiner Dokumentation unverwertbar gewesen. Der Testlauf musste in eine Nachtschicht des geplanten Testtages verlegt werden, in der einige sehr junge Ingenieure mit wenig Erfahrung als Hauptverantwortliche eingesetzt wurden. Der stellvertretende Chefingenieur Anatoly Dyatlov, der ranghöchste Ingenieur auf der Anlage, übersah höchstpersönlich diesen Test spät in der Nacht. Er war bekannt für seinen „impulsiven" Charakter. Dyatlov übersah den Testlauf, weil er schon in einigen Versuchen davor gescheitert war. Der politische Druck auf das Gelingen war enorm. Auf seine Anweisung hin wurden sogar Sekundärsysteme wie die Notstromgeneratoren ausgeschaltet, damit diese nicht durch den Test ausgelöst wurden. Dyatlov wollte in der Lage sein, den Test sofort zu wiederholen, wenn es beim ersten Mal nicht funktionierte. Das Auslösen der Generatoren bei diesem Testlauf hätte allerdings die automatischen Sicherheitsprotokolle ausgelöst, die einen weiteren Versuch unmöglich gemacht hätten. Es war also kein simpler Test, sondern ein Versuch ohne Netz und doppelten Boden mit unerfahrener Belegschaft und einem cholerischen Chef, der sich völlig selbst überschätzte. Die Katastrophe war ihr Ergebnis (Fitzgerald 2022).

Es ist wichtig, zu verstehen, dass wir alle der Selbstüberschätzung unterliegen können, nicht nur solche Charaktere wie Dyatlov. In Studien zum Thema Selbstüberschätzung wird der Bias auch in alltäglichen Situationen belegt: Student:innen überschätzen ihre Leistung bei Tests, Ärzt:innen überschätzen die Richtigkeit ihrer Diagnosen oder Menschen überschätzen die Schnelligkeit, in der sie Aufgaben erledigen können.

Für das Data Storytelling sollte uns dieser Bias deshalb interessieren, weil er ebenso bei Entscheidungsträger:innen in unserem Publikum vorkommen kann. Auch auf diesen Bias sollte man sich vorbereiten und wichtige Belege, die ihn aushebeln, bereithalten.

Scheinkausalität (Correlation Fallacy)

Scheinkausalität wird auch „cum hoc ergo propter hoc" genannt, was Lateinisch ist und „mit diesem, folglich deswegen" bedeutet. Mit dem Fehlschluss der Scheinkausalität bezeichnet man einfach gesagt, dass man zusammen auftretenden Ereignissen (Korrelation) fälschlicherweise zuspricht, dass das eine das andere Ereignis begründet (Kausalität). Aber Korrelation impliziert nicht Kausalität („correlation does not imply causation"; Wikipedia o. J. a. b.). Ein Beispiel für eine Korrelation, die keine Kausalität bedeutet, findest Du in der Abb. 3.4. In einem fiktiven Unternehmen wurde die Anzahl von Fertigungsfehlern in einem Diagramm zusammen mit der Anzahl der in der Kantine verkauften Currywurst-Gerichte dargestellt.

Auch wenn die Graphen eine fast identische Ausprägung haben, haben sie inhaltlich nichts miteinander zu tun.

Abb. 3.4 Scheinkausalität.

Die Anzahl der Fertigungsfehler korreliert mit der Anzahl der in der Kantine verkauften Currywurst-Gerichten.

Korrelationsfaktor liegt bei 0,9777

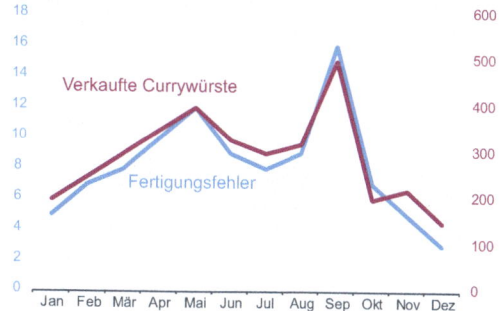

Dies ist ein Fehlschluss, der uns sowohl in der Datenanalyse als auch in der Präsentation zum Publikum beschäftigen muss. Wir müssen in der Datenanalyse sicherstellen, die Kausalität zur Korrelation nachweisen zu können. Sollte diese Kausalität nicht vorliegen, müssen wir auch dem Publikum klar kommunizieren, dass die Ereignisse nicht einander begründen, um den Fehlschluss beim Publikum auszuschließen.

Versunkene Kosten (Sunken Cost Fallacy)

Die Versunkene-Kosten-Falle (Abb. 3.5) ist ein gerade im Projektmanagement bekanntes Phänomen. Es sagt aus, dass ein Projekt bzw. eine Investition fortgesetzt wird, in das bereits sehr viel Zeit und Geld hineingesteckt wurde, obwohl absehbar ist, dass es nicht mehr wirtschaftlich ist oder sein wird. Menschen treffen diese irrationale Fehlentscheidung aufgrund von verschiedenen Faktoren (Pindyck und Rubinfeld, S. 300–301). Neben dem Gefühl des Gesichtsverlustes, das wir Menschen empfinden, wenn wir eine eigene Entscheidung rückgängig machen müssen, ist einer der wichtigsten Faktoren die von Kahneman beschriebene Verlustaversion (MacNeil 2022). Menschen fürchten Verluste mehr, als sie Gewinne schätzen. Dabei ist wichtig, dass Menschen bezahlte Kosten nicht so schlecht beurteilen wie zukünftige Verluste. Deshalb tendieren wir dazu, „gutes Geld dem schlechten hinterherzuwerfen" (Cambridge Dictionary o. J. a.). Bezahlte Kosten sind in unserer Wahrnehmung bereits abgeschrieben (Kahneman 2011, S. 566). Jedoch erst wenn die Entscheidung getroffen wird, das Projekt unwiderruflich zu stoppen, realisiert sich auch der Verlust in unseren Köpfen. Deshalb halten wir häufig an unrealistischen Investitionen fest, wie z. B. die Concorde in Paris, der Flughafen Berlin Brandenburg oder die Elbphilharmonie in Hamburg. Bei all diesen Projekten wurden über Jahre Millionen und Abermillionen in die Fertigstellung gesteckt, obwohl das ursprüngliche Budget um ein Mehrfaches überschritten wurde.

Bei unserer Datengeschichte muss uns die Möglichkeit eines solchen Fehlschlusses durch die Entscheidungsträger:innen bewusst sein. Je nachdem, in welche Richtung eine Handlungsaufforderung in der Data Story ausfallen soll, muss sich Gedanken über das Framing,

also die Darstellung des Entscheidungsproblems, gemacht werden. Was steht für die Entscheider:innen auf dem Spiel? Ist es ein Gewinn oder ein Verlust? Oder vielleicht ist es auch eine Chance auf die Vermeidung weiterer Verluste?

Kahneman (2011, S. 566) gibt ein Beispiel für den Framing-Effekt in Bezug auf die Kosten-Verlust-Diskrepanz.

- Option 1: „Würden Sie eine Lotterie akzeptieren, die eine 10-%ige Chance bietet, 95 US$ zu gewinnen, und eine 90-%ige Chance, 5 US$ zu verlieren?"
- Option 2: „Würden Sie 5 US$ für die Teilnahme an einer Lotterie bezahlen, die eine 10-%ige Chance bietet, 100 US$ zu gewinnen, und eine 90-%ige Chance, nichts zu gewinnen?"

Obwohl beides objektiv identische Optionen sind, entscheiden sich viele Menschen für unterschiedliche Antworten auf die beiden Fragen. Dabei wird insbesondere die Option 2 bevorzugt. „Das Glücksspiel wird akzeptabler, wenn die 5 US$ als Zahlung aufgefasst werden, als wenn der gleiche Betrag als [zukünftiger] Verlust betrachtet wird" (Kahneman 2011, S. 566).

Literatur

ARD alpha (2021) Schaltzentrale Gehirn – Wie tickt unser Gedächtnis? (30.06.2021) Bayrischer Rundfunk, München. https://www.ardalpha.de/wissen/psychologie/gehirn-gedaechtnis-informati onen-erinnern-hirnforschung-100.html. Zugegriffen 22. Sept. 2023

Bedzek MA, Gerrig RJ, Wenzel WG, Shin J, Pirog Revill K, Schumacher EH (2015) Neural evidence that suspense narrows attentional focus (25.06.2015). Neuroscience 303:338–345. https://doi.org/10.1016/j.neuroscience.2015.06.055. Zugegriffen 22. Sept. 2023

Cambridge Dictionary (o. J. a.) Sunk cost fallacy. https://dictionary.cambridge.org/us/dictionary/eng lish/sunk-cost-fallacy. Zugegriffen 23. Sept. 2023

Camerer C, Babcock L, Loewenstein G, Thaler R (1997) Labor supply of New York city cabdrivers: One day at a time (01.05.1997). Q J Econ 112(2):407–441. https://doi.org/10.1162/003355397 555244

Dr. Subramanian KR (2018) Myth and mystery of shrinking attention span (2018). Int J Trend Res Dev 5(3). ISSN: 2394–9333. http://www.ijtrd.com/papers/IJTRD16531.pdf. Zugegriffen: 22. Sept. 2023

Dr. Tsipursky G (2023) Cognitive distortions, unconscious bias, cognitive bias, logical fallacies: what you need to know to protect yourself (13.05.2023). Forbes Magazine. https://www.forbes.com/sites/glebtsipursky/2023/05/13/cognitive-distortions-unconscious-bias-cognitive-bias-log ical-fallacies-what-you-need-to-know-to-protect-yourself/?sh=4101a556596a. Zugegriffen: 23. Sept. 2023

Duden (o. J. a.) Multitasking. https://www.duden.de/rechtschreibung/Multitasking. Zugegriffen 22. Sept. 2023

Fitzgerald I (2022) Chernobyl. Arcturus Publishing. https://www.perlego.com/book/4179603/che rnobyl-the-devastation-destruction-and-consequences-of-the-worlds-worst-radiation-accident-pdf. Zugegriffen 23. Sept. 2023

Forschung & Lehre (2020) Neuer Supercomputer geht in Stuttgart ans Netz (19.02.2020). Deutscher Hochschulverband (DHV), Bonn. https://www.forschung-und-lehre.de/forschung/neuer-superc omputer-geht-in-stuttgart-ans-netz-2543#:~:text=Die%20Hauptspeicherkapazität%20von%20% 22Hawk%22%20beträgt,Schweiz%20die%20vordersten%20Plätze%20ein. Zugegriffen 22. Sept. 2023

Fresh content (2019) Die Wissenschaft der Geschichten – warum liebt das Hirn Storys? (11.06.2019). Blog. Corporate Media Services GmbH, Graz, Schweiz. https://www.fresh-content.at/die-wissenschaft-der-geschichten-warum-liebt-das-hirn-storys/. Zugegriffen 22. Sept. 2023

Gabler Wirtschaftslexikon (2021) Homo oeconomicus (24.08.2021). https://wirtschaftslexikon.gab ler.de/definition/homo-oeconomicus-34752/version-384745. Zugegriffen: 22. Sept. 2023

Gottschall J (2012) The storytelling animal. [edition unavailable]. Houghton Mifflin Harcourt. https://www.perlego.com/book/2450199/the-storytelling-animal-how-stories-make-us-human-pdf. Zugegriffen: 22. Sept. 2023

Insivia (2023) 2023 Report: most important marketing stats in the software & SaaS industry (2023). https://www.insivia.com/2023-saas-marketing-report/. Zugegriffen: 22. Sept. 2023

Jaster R, Lanius D (2019) Die Wahrheit schafft sich ab – Wie Fake News Politik machen. Reclam, Ditzingen

Kahneman D (2011) Schnelles Denken, langsames Denken. Penguin Verlag

MacNeil C (2022) Wie die Sunk Cost Fallacy unsere Entscheidungen beeinflusst (10.01.2022). Asana. https://asana.com/de/resources/sunk-cost-fallacy. Zugegriffen: 23. Sept. 2023

Magda T (2016) Frauen können doch kein Multitasking – fünf verblüffende Fakten über unser Gehirn (14.12.20216). FOCUS Online. https://www.focus.de/wissen/experts/magda/ganz-sch oen-schlau-fuenf-verblueffende-fakten-ueber-unser-gehirn_id_6313338.html. Zugegriffen 22. Sept. 2023

Medina J (2014) Brain Rules (Updated and Expanded). [edition unavailable]. Pear Press. https:// www.perlego.com/book/3242605/brain-rules-updated-and-expanded-12-principles-for-surviv ing-and-thriving-at-work-home-and-school-pdf. Zugegriffen: 22. Sept. 2023

Microsoft Canada (2015) Attention spans, spring 2015, consumer insights, Microsoft Canada. https://sherpapg.com/wp-content/uploads/2017/12/MAS.pdf. Zugegriffen 27. Sept. 2023

Moore DA, Healy PJ (2018) The trouble with overconfidence. Carnegie Mellon University, Journal contribution. https://doi.org/10.1184/R1/6708806.v1.Zugegriffen23.09.2023. Zugegrif-fen: 23. Sept. 2023

Namaziandost E, Ziafar M (2020). The capacity of human memory: Is there any limit to human memory? J Res Engl Lang Learn. https://doi.org/10.33474/j-reall.v1i2.6432. Zugegriffen: 22. Sept. 2023

Nickerson RS (1998) Confirmation bias: a ubiquitous phenomenon in many guises. Rev Gen Psychol 2(2):175–220. The Educational Publishing Foundation. https://pages.ucsd.edu/~mckenzie/nicker sonConfirmationBias.pdf. Zugegriffen: 23. Sept. 2023

Ortony A, Clore G, Collins A (1988) The cognitive structure of emotions. Cambridge University Press, New York

Pallier G, Wilkinson R, Danthiir V, Kleitman S, Knezevic G, Stankov L, Roberts RD (2002) The role of individual differences in the accuracy of confidence judgments. J Gen Psychol 129(3):257–299

Pindyck R, Rubinfeld D (2009) Mikroökonomie. 7., aktualisierte Auflage. Pearson Education Deutschland GmbH, München

Seng A (2018) Erinnern mit Gefühl (06.02.2018). dasGehirn.info. Neurowissenschaftliche Gesell-schaft e.V, Berlin. https://www.dasgehirn.info/denken/gedaechtnis/erinnern-mit-gefuehl#:~: text=Ereignisse%2C%20die%20mit%20starkem%20emotionalen,zentralen%20Hippocampus% 20enge%20Verbindungen%20bestehen. Zugegriffen: 22. Sept. 2023

Sirakova M (2020) Storytelling: Geschichten als Wohltat für das Gehirn (03.12.2020) Leipzig School of Media. https://www.leipzigschoolofmedia.de/blog/storytelling-geschichten-als-woh ltat-fuer-das-gehirn. Zugegriffen: 22. Sept. 2023

Volnhals M, Hirsch B (2008) Information overload und controlling. Z Control Manag 52(Suppl 1):50–57. https://doi.org/10.1365/s12176-012-0189-9

Wikipedia (o. J. a. a) Picture superiority effect. https://en.wikipedia.org/wiki/Picture_superiority_e ffect#cite_note-curran-2. Zugegriffen: 22. Sept. 2023

Wikipedia (o. J. a. b) Cum hoc ergo propter hoc. https://de.wikipedia.org/wiki/Cum_hoc_ergo_prop ter_hoc. Zugegriffen: 23. Sept. 2023

Schritte des Data Storytelling

Präsentationen scheitern viel zu häufig. Teilweise mit verheerenden Auswirkungen. Im Januar 2003 trat die Raumfähre Columbia ihre 133. und damit letzte Shuttle-Mission an. An Bord waren zwei Astronautinnen und fünf Astronauten. Unter ihnen der US-Amerikaner Rick Husband, Kommandant der Columbia, verheiratet, 43 Jahre alt und Vater von zwei Kindern, Laura Marie, damals 11, und Matthew, damals 6 Jahre alt (Wikipedia o. J. a. c.). Nach einem Bilderbuchstart, bei dem die Haupttriebwerke alle 30 s eine Treibstoffmenge eines Olympiaschwimmbeckens verbrannten, warf das Shuttle in 43 km Höhe seine Startraketen ab. Dann wurden die Haupttriebwerke abgestellt und der Flug in der Schwerelosigkeit und den unendlichen Weiten des Alls fortgesetzt. Am Tag nach dem Start machten NASA-Techniker:innen beim Check der Videoaufzeichnungen eine Entdeckung: Von dem Treibstofftank hatte sich ein Stück Isolierschaum gelöst und ist mit der Tragfläche des Shuttles kollidiert. Etwas, was bei Flügen in der Vergangenheit häufiger passiert ist und nie ernsthafte Schäden verursacht hat. Es folgten dennoch Risikoanalysen des Schadens und die Bitte der Techniker:innen bei ihrer Leitung, weitere tiefergehende Untersuchungen durchführen zu dürfen. Letztendlich entschied die Leitung jedoch keine weiteren Handlungen zu unternehmen, da dies sonst die Zeitpläne für zukünftige Missionen verzögert hätte. Circa zwei Wochen später traten Husband und sein Team den Rückflug Richtung Erde an. Durch die beschädigte Außenhaut des Shuttles drangen beim Eintreten in die Erdatmosphäre heiße Gase mit mehr als 4000 Grad Celsius ein und destabilisierten die innere Struktur des Flügels. Das Shuttle brach auseinander, alle sieben Insass:innen waren sofort tot (Kröll 2023).

F. Oehlerking, *Mit Daten überzeugen, mit Geschichten inspirieren*, https://doi.org/10.1007/978-3-662-68494-8_4

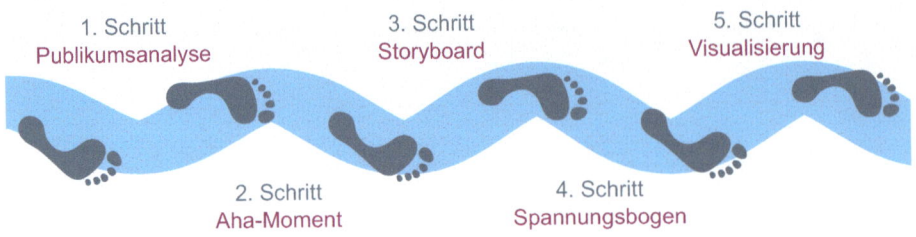

Abb. 4.1 Schritte des Data Storytelling. ©Friederike Oehlerking 2024. All Rights Reserved

Ein Untersuchungsausschuss analysierte im Anschluss die Unfallursachen. Er arbeitete unter anderem mit Professor Edward Tufte, einem führenden Experten für Informationsdesign (und ausgesprochenem Gegner von Präsentationssoftware, insbesondere PowerPoint), zusammen.

In dessen Abhandlung „The cognitive style of PowerPoint" kam Professor Tufte zu dem Schluss, dass die Angewohnheit der NASA, komplexe technische Informationen in PowerPoint-Präsentationen zu pressen, dazu führte, dass die Risikoanalyse schwer verständlich und unklar war. Wichtige Informationen waren auf niedrigeren Aufzählungsebenen versteckt. Bei mündlichen Wiedergaben wurden wesentliche Informationen ausgelassen. Trotzdem traf die Leitung auf dieser Basis wichtige Entscheidungen (Tufte 2003).

De facto, wäre das Problem ernst genommen worden, hätte man die Risikoanalysen ausgeweitet und damit eventuell nachfolgende Termine verschoben, hätte man diese sieben Menschenleben durchaus retten können.

▶   Die heute produzierten PowerPoints aus unserem Arbeitsalltag schaffen es
      zu oft einfach nicht, wesentliche Informationen und das Gefühl für die
      Dringlichkeit der Angelegenheiten zu transportieren.

Und mit „transportieren" meine ich nicht nur, dass die Information ausgesprochen wird, sondern dass sichergestellt wird, dass die Empfänger:innen sie auch verstehen. Im Folgenden werde ich die Schritte des Data Storytelling vorstellen, die genau hier Abhilfe schaffen sollen (Abb. 4.1).

Voraussetzung für die Datengeschichte ist, dass eine Datenanalyse bereits stattgefunden hat und die Erkenntnisse aus ihr bereits vorliegen. Da wir unser Publikum zu einer Entscheidung beeinflussen wollen, werden wir uns auch in der Vorbereitung der Datengeschichte unsere Zuhörer:innen und die Entscheider:innen als Erstes anschauen. Danach überlegen wir, was die Kernbotschaft, der Aha-Moment der Datengeschichte sein soll. Um anschließend das Storyboard zu erstellen, sammeln wir zunächst in einem Brainstorming alle möglichen Argumente ein, die unserer Argumentation oder Präsentation dienlich sein könnten. Danach verdichten wir die Argumente und kürzen alles weg, was verwirren könnte oder nicht eng genug am roten Faden liegt. Das hilft uns dabei, im nächsten Schritt diese Argumente in eine bestimmte Reihenfolge zu bringen, die dann den Spannungsbogen unserer Datengeschichte und damit das Fundament der Storyline bilden wird. Danach können wir mit der Visualisierung der Daten und der Folien beginnen.

Schauen wir uns diese Schritte nun im Detail an.

4.1   Die Zuhörer:innen

Warum sollte sich Dein Publikum für Deinen Vortrag interessieren? Und warum sollte Dich als Vortragenden interessieren, was Dein Publikum interessiert? Ich finde das Beispiel von Brent Dykes (2020, S. 110) hier sehr passend: Es gibt wahrscheinlich Hunderte von Filmen, die die Geschichte von Robin Hood erzählen. Von einem Walt-Disney-Zeichentrickfilm über eine Slapstickkomödie „Men in tights" aus den 1990ern, einen romantischen Film mit Kevin Costner bis hin zum brutalen Actionfilm mit Russell Crowe. Jedes Mal erzählt es rudimentär dieselbe Geschichte von Robin Hood. Aber jedes Mal adressiert es ein anderes Publikum. Ich hätte meine Neffen, als sie jeweils 6 Jahre alt waren, sicherlich nicht in die Version mit Russell Crowe mitgenommen, aber trotzdem war ihnen die Geschichte von Robin Hood ja nicht fremd. Es ist also die Verpackung der Kernbotschaften, die man an das Publikum anpassen muss. Da liegt wahrscheinlich der Vergleich mit Werbung nicht fern. Auch hier versuchen Werbeagenturen die Zielgruppen anzusprechen. Im Übrigen geht man in der Werbung auch immer wieder davon weg, das (Lifestyle-)Produkt und dessen Vorteile zu bewerben. Stattdessen will man ein Gefühl vermitteln, mit dem sich dann etwaige Kund:innen identifizieren möchten und deshalb das Produkt kaufen. Das funktioniert aber nur, wenn die Agenturen im Vorfeld auch die notwendige Marktforschung betrieben haben. Nur wenn sie verstehen, welches Problem das Produkt für die Kund:innen löst oder mit welchem Gefühl sie sich gerne identifizieren wollen, können sie das auch ansprechen und darüber vermarkten.

▶ Je persönlicher das Problem oder das Gefühl, desto eher werden die Empfänger:innen die Botschaft als emotional empfinden und sind dafür empfänglich.

Wie wir durch die Betrachtung dessen, was in unseren Gehirnen passiert, gelernt haben, sollte die Kernbotschaft emotional sein. Dazu müssen wir wissen, was unsere Zuhörer:innen emotional berührt. Um das herauszufinden, müssen wir im Vorfeld ein paar Hintergrundinformationen zu unseren Zuhörer:innen einholen. Als Erstes sollte man eine Liste von Personen machen, die an unseren Erkenntnissen interessiert sein könnten. Dabei muss es sich nicht notwendigerweise nur auf die Menschen beschränken, die an dem angesetzten Termin an der Präsentation teilnehmen. Es könnten auch Menschen im Nachgang die Unterlagen erhalten und ein Mitspracherecht besitzen. Im ersten Schritt ist also wichtig, sich dessen bewusst zu sein, auch wenn es nicht unmittelbar Einfluss hat. Dann sollte man sich überlegen, ob es eine Entscheidungskette gibt. Ist in dem ersten Termin vielleicht erst mal nur die eigene Führungskraft anwesend, die noch gar nicht die Entscheidung für die angebotene Lösung fällen kann, weil es z. B. ihre Befugnisse überschreitet? Dann ist sie aber eventuell der „Gatekeeper" für die nächste Ebene.

Jetzt kommt Dir bestimmt die große Frage: Muss ich die Präsentation jedes Mal anpassen? Und meine Antwort ist: Ja! Das mag bedeuten, dass sich an den Folien gar nicht so viel ändert, aber an der Art und Weise der Verpackung. Erzähle ich nun noch eine Zeichentrickversion von Robin Hood oder passt die Kevin-Costner-Version bei der nächsthöheren Führungskraft besser? Zum Vergleich: Ich halte häufig Keynotes zum Thema Data Storytelling. In jedem meiner Vorträge sieht mein Foliensatz anders aus. Nur ab und zu geschieht das aufgrund unterschiedlich vereinbarter Dauer der Vorträge, meistens versuche ich die Hintergründe meines Publikums zu verstehen und einzubringen. Wenn ich vor Dozent:innen und Professor:innen an einer Hochschule spreche, zeige ich bei der Frage, wie Storytelling bereits im Brand-Marketing funktioniert, einen emotionalen Werbespot. In diesem Spot gibt es in einem Vorlesungssaal einen Flashmob, um offensichtlich einen Professor in seinen Ruhestand zu verabschieden. Dabei öffnet er ein Geschenk mit einer teuren Uhr und ist sichtlich bewegt. Während dieser Werbespot bei diesem Publikum super ankommt (auch hier wurde schon das ein oder andere Tränchen verdrückt), kommt er bei anderen eventuell gar nicht so emotional rüber. Die Frage ist ebenfalls, ob man, wenn das Publikum sehr diverse Ansichten und Interessensschwerpunkte hat, alle mit der Botschaft abholen kann. Hier gibt es eine Grauzone. Je mehr man versucht den größten gemeinsamen Nenner zu finden, desto weniger trifft eventuell die Botschaft bei den Entscheidenden ins Schwarze. Und damit verwässern eventuell die Brisanz und die Dringlichkeit der Erkenntnisse. Daher ist es wichtig, sich einen gemeinsamen Nenner durchaus zu überlegen, aber um konkreter zu werden, sich die eine Person herauszusuchen, die am Ende die Entscheidung fällen wird. In unserer häufig noch hierarchisch geprägten Organisationslandschaft ist das meistens der oder die Ranghöchste. Aber auch hier sollte man informelle Entscheidungsträger:innen nicht außer Acht lassen! Gerade bei disruptiven Veränderungen kann es eine gute Strategie sein, andere Teilnehmer:innen im Vorfeld zur „großen Präsentation" abzuholen und die Folien mit ihnen durchzugehen. Wenn man sie bittet, schon im Vorfeld Feedback zu den Themen zu geben, kann man auch deren „Schwingungen" einfangen und hier schon früher Maßnahmen treffen. Gerade bei Kritiker:innen ist das hilfreich, um eventuell bereits Gegenargumente für die Premiere vorbereiten zu können. Aber auch Unterstützer:innen können so bereits ins Boot geholt werden und als wichtige Fürsprecher:innen im Termin fungieren. Die Datengeschichte ersetzt wie gesagt nicht die politische Vorarbeit bei wesentlichen oder disruptiven Veränderungsinitiativen.

Hat man also diese eine entscheidende Person gefunden, kann man hier etwas genauer recherchieren. Wenn man die Person selbst kennt und man ein gutes Gefühl dafür hat,

„wie sie tickt", ist das schon einmal eine gute Voraussetzung. Was aber, wenn die Person weit hierarchisch über einem selbst ist, dass man keinen direkten Zugang zu ihr hat? Dann ist es sehr nützlich, sich öffentliche Auftritte von dieser Person im Unternehmen einmal anzuschauen. Welche Modewörter („buzzwords") benutzt sie? Was steht gerade ganz oben auf ihrer Agenda? Welche Themen propagiert sie gerade? Welchen Standpunkt vertritt sie? Was ist sie generell für ein Mensch? Sind „Macht" und „Ego" Stichworte, die man eher mit ihr assoziiert, oder „Wohlbefinden" und „Miteinander"? Für diese Recherche kann man auch gut Kolleg:innen ansprechen, die vielleicht schon einmal mit ihr zu tun gehabt haben.

Nun stellt man sich die so trefflich von Cole Nussbaumer-Knaflic formulierte Frage: „Was hält sie nachts wach?" (2020, S. 372). Diese Frage ist sehr gut, denn es schwingt sofort eine Emotionalität mit. Werden Produktkosten einer Führungskraft den Schlaf rauben? Nicht unbedingt. Was ihr den Schlaf rauben wird, sind wahrscheinlich eher die Konsequenzen: Umsatzeinbrüche, sinkender Aktienkurs, Reputationsschäden, Bonus ist in Gefahr etc. Aber auch häufig ganz persönliche, intrinsische Motivationen wie Selbstbestimmung, Profilierungsdrang, Gesichtsverlust etc. Es ist also wichtig, sich wirklich in die Lage dieser Person hineinzuversetzen und nicht nur von den betriebswirtschaftlichen Kennzahlen auszugehen.

Dabei sollten wir die Person auch abholen können. Wir müssen uns Gedanken darüber machen, auf welchem Wissensstand sie sich befindet, und ein verständliches Vokabular benutzen. Hier können ebenfalls Vergleiche und Analogien (denke an die Fußballfelder und Badewannen) helfen. Welche Annahmen wird diese Person gegenüber der Materie haben? Welche Erkenntnisse werden sie überraschen? Welche Vorurteile wird sie haben? Was werden kritische Fragen sein, die sie stellen könnte? Ist sie positiv der Kernbotschaft gegenüber oder eher abweisend eingestellt?

▶ **Der Fluch des Wissens**
Sei Dir über den Fluch des Wissens bewusst. Hierbei handelt es sich um eine kognitive Verzerrung. Sie besagt, dass wenn eine Person ein Wissen erlangt hat, sie nicht mehr weiß, wie es war, bevor sie dieses Wissen besaß. Sie nimmt unwissentlich an, dass alle anderen dieselben Hintergrundkenntnisse besitzen, um die komplexen Sachverhalte nachvollziehen zu können (Glaser 2019, S. 254–258).

An der Stanford University gab es dazu ein Experiment. Proband:innen wurden dabei in zwei Gruppen eingeteilt: Die „Klopfer:innen" und die „Zuhörer:innen". Den Klopfer:innen wurde ein Lied, z. B. „Happy Birthday", zugeteilt. Sie mussten den Rhythmus des jeweiligen Liedes einem Menschen der anderen Gruppe auf einem Tisch vorklopfen. Lediglich 2,5 % der Zuhörer:innen erkannten das Lied. Zuvor wurden jedoch die Klopfer:innen gefragt, was sie denken, wie hoch die Wahrscheinlichkeit sei, dass das Lied erkannt werden würde. Die Voraussage lag bei 50 %. Eine deutliche Fehleinschätzung. Das liegt daran, dass die Wissenden während des Klopfens die Melodie des Liedes im Kopf haben. Die Zuhörer:innen hören aber nur einen bizarren Morsecode. Es ist schwer für die Klopfer:innen nachvollzuziehen, wie es ist, wenn man die Melodie nicht kennt (Heath und Heath 2006).

Ähnliche Phänomene finden wir bei Lehrer:innen und Professor:innen, die nicht mehr wissen, wie es war, als Studierender das Wissen zum ersten Mal zu erlernen. Und natürlich finden wir den Fluch des Wissens auch in Organisationen und Unternehmen, wenn Expert:innen oder Manager:innen ihre Kenntnisse einem fachfremden Publikum vermitteln wollen. Es ist notwendig, komplexe Sachverhalte dabei in eine einfache, konkrete Sprache zu übersetzen und Analogien und Geschichten zu nutzen, um die Inhalte auch für Nichtexpert:innen greifbar zu machen.

Der im nächsten Schritt zu erstellende Aha-Moment sollte Einstellung, Kenntnisstand und Motivation der entscheidenden Person aufgreifen und in eine passende Formulierung „verpacken".

4.2   Der Aha-Moment

Im Aha-Moment geht es darum, den Kern der Botschaft für die Präsentation herauszuarbeiten. Dieser sollte eine emotionale Bindung zu den Entscheidungstragenden innehaben. Wenn wir also verstanden haben, was die entscheidende Person nachts wachhält, müssen wir dies aufgreifen und mit unserem Wunsch zur Entscheidung einen Bezug herstellen. Wir beginnen mit dem Aha-Moment für die Erstellung der Präsentation. Dieser wird dann auch den Höhepunkt der Präsentation in unserem Spannungsbogen darstellen, auf den ich später noch zu sprechen komme. Die Erarbeitung des Aha-Moments sollte im Prozess aber immer am Anfang der Arbeit nach der Publikumsanalyse stehen, da wir an ihm gemessen später die Datenpunkte selektieren werden, die für ihn relevant sind. Dass wir den Aha-Moment also in der Konzeption der Datengeschichte voranstellen, erlaubt es uns, fokussiert zu bleiben.

Nancy Duarte (2013) formulierte es als „große Idee" und beschrieb diese mit drei Merkmalen.

Die große Idee muss

1. Deine einzigartige Sichtweise ausdrücken,
2. vermitteln, was auf dem Spiel steht, und
3. in einem Satz formuliert werden.

Ich würde das ein wenig abändern.

Der Aha-Moment in einer Datengeschichte sollte

1. Deine speziellen Erkenntnisse aus der Datenanalyse,
2. Deine Meinung, welche konkreten Aktionen eingeleitet werden müssen und
3. was für die entscheidende Person auf dem Spiel steht (Gewinn oder Verlust), widerspiegeln und
4. in 1–2 Sätzen formuliert sein.

Ein Beispiel: „Aus den vorliegenden Datenerkenntnissen geht hervor, dass wir das neue IT-Tool benötigen, um die Digitalisierungsstrategie des Unternehmens weiter voranzutreiben und damit wettbewerbsfähig in der Zukunft zu sein. Bitte geben Sie das notwendige Budget dafür frei."

In der Formulierung sollte der erste Aufruf zum Handeln mit aufgenommen und im Nachgang konkretisiert werden. Auch wenn wir in der Präsentation die Vor- und Nachteile eines, in diesem Beispiel, neuen IT-Tools diskutieren und es eventuell Alternativen dazu gäbe, die ebenfalls dargestellt werden sollten, wirst Du als Expert:in zu diesem Thema im Laufe der Analyse eine Meinung gebildet haben. Das ist ja schließlich der Grund, warum man Dich mit dieser Aufgabe betraut hatte. Daher ist es nur richtig, diese Meinung auch zu vertreten.

Bleiben wir bei diesem Beispiel der Einführung eines neuen IT-Tools. Das ist häufig ein kostspieliges Unterfangen. Und nicht alle Führungskräfte sind von neuen IT-Applikationen begeistert, denn häufig leiden große Unternehmen darunter, für jedes Problem eine neue IT-Lösung einzuführen. „Cool, noch ein Tool", ist da oft die zynische Devise. Dort sind die Führungskräfte dazu angehalten, den „Fuhrpark" an Software gering zu halten. Denn es kosten nicht nur der Kauf der Software und etwaige Anpassungen an die eigene Unternehmensstruktur Geld, sondern auch Wartung, Lizenzen, die Schulung der Mitarbeitenden usw. Diese Rechnung sollte in der Präsentation umfassend und realistisch abgebildet werden. Dagegen wiegt der oben angesprochene emotionale Verlust bzw. der Gewinn, der auf dem Spiel steht. Dieser wird von der zusätzlichen Einsparung durch z. B. Produktivitätssteigerungen, die dann wiederum betriebswirtschaftlich errechnet und in Euro ausgedrückt werden kann, noch als „Bonus" ergänzt.

Würde man lediglich sagen: „Wir benötigen Betrag X, um ein neues Tool einzuführen, mit dem wir Betrag Y jedes Jahr sparen", ist das für eine Führungskraft, die angehalten ist, die IT-Landschaft nicht weiter auszubauen, eventuell nicht attraktiv genug, die Diskussion mit höheren Ebenen einzugehen. Auch ihr sollte man Argumente liefern, die sie nutzen kann, um bei ihren Vorgesetzten die Entscheidung gegen die Anordnung und für ein neues Tool zu verteidigen. Wenn uns die Einführung des IT-Tools aber zukünftig wettbewerbsfähig werden und sich damit die angekündigte Digitalisierungsstrategie für Investoren und Aktionäre unterfüttern lässt und darüber hinaus auch noch Ersparnisse in Euro generiert, dann ist so eine Argumentationskette sehr viel eindrucksvoller.

Warum ist es wichtig, diesen Aha-Moment in 1–2 Sätzen zu formulieren? Weil es uns dazu zwingt, uns kurz zu fassen und uns auf das Wichtigste zu fokussieren. Dazu hilft auch das, was man allgemein Elevator Pitch nennt. Der Elevator Pitch ist die Präsentation einer Idee oder von sich selbst in einer sehr kurzen Dauer, z. B. während einer Aufzugsfahrt mit dem CEO der Firma. Man hat also nur diese ca. 60 s zur Verfügung, um mit der Idee oder von sich selbst zu überzeugen. Und wer kennt es nicht. Man wird eingeladen, das neue Konzept einmal im Leitkreis vorzustellen. Der Vortrag steht als letzter Programmpunkt auf der Agenda und alle Vorredner:innen überziehen ihren Slot. Letztendlich hat man Folien für einen 20-minütigen Vortrag vorbereitet und es bleiben nur noch fünf Minuten übrig. Wenn man den Elevator Pitch bereits vorformuliert hat, ist man auch in solch einer Situation entspannt. Man kann sich sogar noch etwas mehr Zeit nehmen und ein oder zwei der wichtigsten Folien zeigen. Deshalb ist es extrem wichtig, den Aha-Moment mit 1–2 Sätzen auf den Punkt bringen zu können.

Wie gesagt, ist es in der Präsentation wichtig, den Handlungsaufruf dann noch zu konkretisieren. Man muss aussprechen, was benötigt wird. Unkonkrete Aussagen, wie „wir brauchen dieses Tool", werden nicht helfen, schnelle Entscheidungen zu erhalten. „Wir brauchen X Stunden von den Mitarbeitenden und Y Euro, bitte um Freigabe", ist deutlich greifbarer. Je einfacher Du es der Führungskraft machst, zu verstehen, was sie tun muss, desto schneller bekommst Du eine Antwort.

▶   **Der Aha-Moment besteht aus**

1. Deinen Erkenntnissen (Insights)
2. Deinem Wunsch nach konkreter Aktion ("call to action")
3. Was für die Entscheider:innen auf dem Spiel steht ("What's at stake?")
4. In 1–2 Sätzen (Elevator Pitch)

4.3   Das Storyboard

▶ **Definition Storyboard**
„Ein Storyboard bzw. Szenenbuch ist eine zeichnerische Version eines Drehbuchs oder eine Visualisierung eines Konzeptes oder einer Idee" (Wikipedia o. J. a. a.).

Das Storyboard ist eine Art Rohentwurf der späteren Präsentation. Das Konzept ähnelt einem Comic. Jedes Bild enthält wichtige Informationen, um die Geschichte zu erfassen. Allerdings beschränkt es sich aus Platzmangel eben auch auf die absolut notwendigsten Informationen und Visualisierungen, damit die Geschichte in ein Comicheft passt.

Und ja, manchmal benötigt ein Bild eben das Wort „BANG" in großen Lettern, um den Lesern zu verstehen zu geben, dass es gerade geknallt hat. Dasselbe Konzept sollte man für seine eigene Datengeschichte nutzen. Man beginnt damit, alle Punkte, die für die Präsentation relevant sein könnten, in einem Brainstorming zu sammeln. Im Anschluss versucht man, die Punkte zu clustern und noch einmal auf Relevanz für die Kernbotschaft und das Publikum zu überprüfen. Am besten geht man so vor, dass man alle Ideen zunächst auf Post-its schreibt und diese dann auf der Wand vor sich so zuordnet, dass sich Themenbereiche ergeben. Der Hintergrund, warum man hier auf gar keinen Fall in der Präsentationssoftware starten sollte, ist, dass man so noch nicht viel Zeit für die Visualisierung der Folien aufbringt. Denn wenn man erst einmal ein paar Stunden damit verbracht hat, einen Graphen oder eine Folie zu erstellen, dann ist man später nicht mehr unbedingt gewillt, diese aus dem Foliensatz wieder herauszunehmen, obwohl es einen eigentlich von der Argumentation abbringt oder ausschweifen lässt. Deshalb sollte man die Übung des Storyboards unbedingt voranschieben, um sicherzustellen, dass man sich hinterher auch kurzhält. Kürzen ist eine Tugend! Es muss gelten: „Perfektion ist nicht dann erreicht, wenn man nichts mehr hinzufügen, sondern wenn man nichts mehr weglassen kann." Hier muss man immer wieder überprüfen, ob eine Information wirklich notwendig ist, um das Thema (aus Sicht des unwissenden Publikums) zu verstehen.

▶ **Definition Backup**

Das sogenannte Backup in Präsentationen sind Folien, die bei Rückfragen gezeigt werden können, die aber nicht zur ursprünglichen Präsentation dazugehören und entweder hinter dem offiziellen Teil des Foliensatzes stehen oder im Fluss des Foliensatzes aber ausgeblendet sind.

Für dieses Backup könnten solche weiterführenden Punkte vielleicht eher geeignet sein. Aus meiner persönlichen Erfahrung kann ich sagen, dass ich es sehr befriedigend empfand, wenn ich mit meiner Datengeschichte fertig war, Rückfragen kamen und ich dann noch eine Folie aus dem Backup zeigen konnte mit den Worten: „Ja, ich habe da mal was vorbereitet." Das kam immer sehr gut an. Aber verschieße eben nicht gleich, Dein ganzes Pulver auf einmal, das könnte sonst Deinen Vortrag überladen.

Hat man nun seine wesentlichen Argumente auf den Post-its vor sich, geht es darum, das Ganze in einen Spannungsbogen zu transferieren.

▶   **Tipps**

1. Überspringe nicht das Storyboarding, hier kürzt Du noch einmal auf das Wesentliche.
2. Arbeite zunächst nur mit Post-its, damit es Dir leichter fällt Ideen zu verwerfen.

4.4   Der Spannungsbogen

Der Aufbau

Laut Aristoteles hat eine Tragödie eine Dreiaktstruktur. Sie besteht aus dem Anfang, der Mitte und dem Ende (Ryssel 2022). Das ist vielleicht etwas zu knapp, um daraus wirklich praktische Handlungsanweisungen ableiten zu können. Schauen wir uns also die Fünfakter nach Gustav Freytag, einem deutschen Schriftsteller aus dem 19. Jahrhundert, genauer an. Diese bestehen aus Exposition (Einleitung), Komplikation (Steigerung), Peripetie (Höhepunkt), Retardation (Verlangsamung) und Katastrophe bzw. Lösung, je nachdem, eben wie die Geschichte ausgehen soll (Wikipedia o. J. a. b.).

Diese Struktur ermöglicht uns schon einen guten Überblick. Aber für eine Datengeschichte benötigt es noch ein paar Anpassungen. Die Retardation ist für unseren Zweck nicht unbedingt ausschlaggebend, also kürzen wir das Element einmal weg. Stattdessen setzen wir ans Ende, nach der Lösung, die Handlungsempfehlung oder den Call to Action (Abb. 4.2).

Jetzt nehmen wir die Post-its aus dem Schritt des Storyboarding und ordnen sie dem jeweiligen Akt zu.

In der Einleitung eröffnen wir dem Publikum, wo wir uns befinden. Wir stellen die Hintergründe vor, das sogenannte Setting, die Protagonist:innen und den Status quo. In diesem Moment sollten wir dem Publikum auch die Frage beantworten, warum sie eigentlich gerade hier sind. Seine Frage: „Was kümmert's mich?", sollte hier beantwortet werden. Eine disruptive Vorschau bzw. Teaser kann hier durchaus mit hineingenommen werden. Denn hier will man die Aufmerksamkeit seines Publikums wecken. Wenn man zum Beispiel vor dem vielbeschäftigten Topmanagement präsentieren muss, kann man hier Sätze fallen lassen, wie:

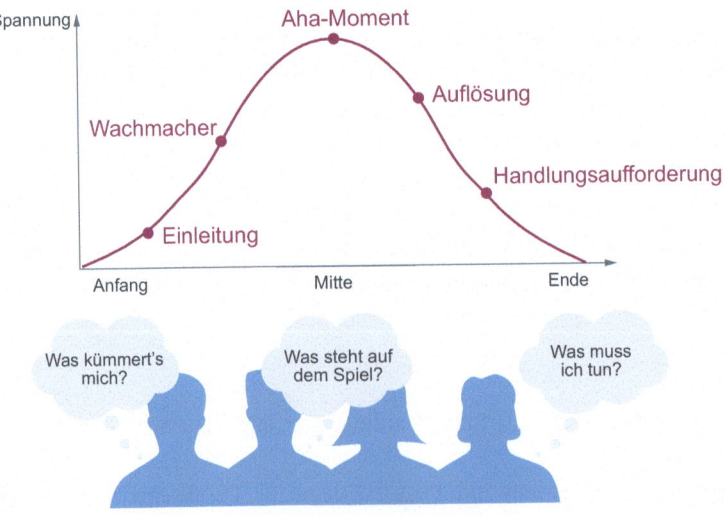

Abb. 4.2 Spannungsbogen. ©Friederike Oehlerking 2024. All Rights Reserved

„In den nächsten 20 min werden ich Ihnen zeigen, wie wir 1 Mio. Euro im Jahr einsparen können." Da werden viele ihr Handy weglegen und zuhören. (Ich muss sicherlich nicht erwähnen, dass man dann aber auch ein entsprechendes Konzept liefern muss.)

Dann beginnen wir den Konflikt einzuleiten. Dazu nutzen wir die Argumente und Datenpunkte, die wir in unserer Analyse gefunden haben. Diese Wachmacher treiben die Spannung nach oben. In diesem Akt wird ein Konflikt für die Protagonist:innen unserer Datengeschichte erkennbar. Der Status quo wird unterbrochen. Wichtig ist hierbei, nicht nur die Sonnen-, sondern auch die Schattenseiten kritisch zu betrachten. Jedes einzelne Argument sollte noch einmal überprüft werden, ob es unserem Publikum dienlich ist – sei es zum Verständnis oder zur Emotionalisierung der Inhalte. Wenn nicht, sollte man sich davon trennen können. Im Zweifelsfall steckt man diese in eine Sektion „Backup" und zaubert sie bei Bedarf auf Nachfrage hervor.

Die Spannung mündet dann im nächsten Akt in ihren Höhepunkt. Hier erklären wir dem Publikum, was auf dem Spiel steht und wie der oder die Protagonist:in handelt, um den Konflikt zu lösen. Der Aha-Moment, den wir ja bereits definiert haben, hat jetzt seinen großen Auftritt und leitet damit den nächsten Akt ein.

Im vorletzten Akt steht die Auflösung des Konfliktes. Diese Entspannung der Situation lässt auch den Spannungsbogen wieder abfallen. Das Publikum sollte hier eine Erleichterung spüren, dass es eine Lösung für das angesprochene Problem gibt, und wir haben sie parat. Wir beantworten die Frage, wie der Konflikt aufgelöst werden kann und wie der neue Status quo nun aussehen könnte.

Um die Datengeschichte abzuschließen und unseren Wunsch auf Entscheidung noch einmal zu verdeutlichen, sollte sich nun unbedingt noch der Call to Action, also die Handlungsaufforderung, anschließen. Zum Beispiel: „Ja, das Problem ist lösbar und ich benötige folgende Dinge von Ihnen …!"

▶ Es ist wichtig, diese Handlungsaufforderung tatsächlich anzusprechen, erwarte nicht, dass Dein Publikum von alleine darauf kommt, was Du möchtest. Außerdem solltest Du konkret sein, wie bereits in Abschn. 4.2 zum Thema Aha-Moment angesprochen.

▶ **Tipp**
Wenn Du Deine Post-its den einzelnen Sektionen zuordnest, beginne mit dem Aha-Moment. Diesen hast Du ja schon in dem vorangegangenen Schritt festgezurrt. Gehe dann weiter zur Einleitung, Wachmacher und zum Schluss Auflösung und Call to Action.

Beispiel „Pixar Pitch"

Emma Coats war eine Storyboard-Künstlerin bei Pixar. Sie teilte auf Twitter ihre 22 Regeln des Geschichtenerzählens, die sie unter anderem bei Pixar erlernt hatte. Eine Regel liefert die Märchenformel, die hier mit Erklärungen ergänzt wurde (Cavna 2012):

1. Es war einmal … beschreibt kurz die Hintergründe der Geschichte.
2. Jeden Tag … erzählt von der alltäglichen Routine des Helden/der Heldin.
3. Eines Tages … Ein spezifisches Problem taucht auf, die den Helden/die Heldin dazu bringt, sich auf den Weg zu machen, eine Lösung zu suchen.
4. Aufgrund dessen … Die Schwierigkeiten der Lösungsfindung werden erzählt, etwaige neue Erfahrungen oder Erkenntnisse werden gewonnen.
5. Aufgrund dessen … wird noch einmal wiederholt, um eine Aktion darzustellen, die durch den vorangegangenen Schritt begründet ist.
6. Bis endlich … Die Lösung und ein neuer Status quo werden vorgestellt.

Spielen wir diese Formel einmal anhand des Zeichentrickfilms „Findet Nemo" durch (Leon 2019):

1. Es war einmal … ein verwitweter Fisch namens Marlin, der seinen einzigen Sohn Nemo sehr beschützte.
2. Jeden Tag … warnte er ihn, dass er nicht zu weit in den gefährlichen, weiten Ozean schwimmen sollte.
3. Eines Tages … in einem Akt der Rebellion schwamm Nemo aber trotzdem ins offene Wasser hinaus.
4. Aufgrund dessen … wurde Nemo von einem Taucher gefangen genommen und verschleppt.
5. Aufgrund dessen … machte sich Marlin auf die Reise in denselben gefährlichen Ozean, um seinen Sohn zu retten. Dabei lernte er andere Meereslebewesen kennen und überstand einige Abenteuer.
6. Bis endlich … er seinen Sohn wiederfand und inzwischen gelernt hatte, das Liebe auch auf Vertrauen beruht.

1. und 2. stellen den Schauplatz und die Hauptfiguren vor. 3. führt den Konflikt ein („Drama, Drama, Drama, Baby"), der in einem Höhepunkt 4. und 5. gipfelt. Schließlich bietet 6. eine Lösung und eine moralische Lehre für das Publikum.

Wir können diese Formel nutzen, um unsere Geschichte in die Struktur eines Spannungsbogens zu bringen. Eine Ausformulierung hilft uns ebenfalls eine sehr kurze, wörtliche Zusammenfassung unserer Präsentation zu erstellen, die zu jeder Gelegenheit griffbereit ist.

Wer sind Protagonist:innen?

Wer ist eigentlich der Held bzw. die Heldin und wer ist Bösewicht:in in einer Datengeschichte? Um nicht das typische Star-Wars-Gleichnis zu verwenden, greife ich auf ein anderes stereotypes Bild zurück: Harry Potter. Wir wissen, Lord Voldemort ist der Bösewicht. In Deiner Datenstory repräsentiert er alles, was Deine:n Held:in daran hindert, zu gewinnen. Jeder Rückgang im Umsatz, über den Du Erkenntnisse gewonnen hast, jeder Verlust im Bruttogewinn, jeder fehlerhafte Prozess in der Projektabwicklung, jeder Fehler

(„bug") in einer Software. Das ist das Hindernis, das überwunden werden muss. Und Du hast datengestützte Erkenntnisse darüber gesammelt, wie man das schaffen kann.

Würdest Du nicht auch gerne der oder die Held:in in Deiner eigenen Datenstory sein? Wünscht sich das nicht jeder? Aber nein. Held:in, der Harry Potter in diesem Gleichnis, ist Dein Publikum. Es trifft am Ende Deiner Präsentation die Entscheidung. Es ist der oder die Entscheidungsträger:in.

Die Frage bleibt also: Wer bist du? Die gute Nachricht: Du bist Dumbledore! Herzlichen Glückwunsch dazu! Du bist der Erzählende, derjenige, der scheinbar alles weiß. Derjenige, der einen Plan hat und den oder die Held:in behutsam durch die Aufgabe führt.

Aber Vorsicht: Mit großer Macht kommt große Verantwortung! Sei Dir also bewusst, dass der oder die Held:in immer noch das Sagen haben muss und letztendlich die Entscheidung trifft! Bevormunde ihn oder sie also nicht.

Literatur

Cavna M (2012) PIXAR TIPS: "brave" artist Emma Coats shares her storytelling wit and wisdom on Twitter (#FollowHer) (25.06.2012). The Washington Post. https://www.washingtonpost.com/blogs/comic-riffs/post/pixar-tips-brave-artist-emma-coats-shares-her-storytelling-wit-and-wisdom-on-twitter%20followher/2012/06/25/gJQADaxd2V_blog.html. Zugegriffen: 23. Sept. 2023

Duarte N (2013) Resonate, 1. Aufl. Wiley, Hoboken. https://www.perlego.com/book/1008559/resonate-present-visual-stories-that-transform-audiences-pdf. Zugegriffen: 23. Sept. 2023

Dykes B (2020) Effective data storytelling – how to drive change with data, narrative, and visuals. Wiley, Hoboken

Glaser C (2019) Fluch des Wissens. In: Risiko im Management. Springer Gabler, Wiesbaden. https://doi.org/10.1007/978-3-658-25835-1_64

Heath C, Heath D (2006) The curse of knowledge. Harv Bus Rev Mag. https://hbr.org/2006/12/the-curse-of-knowledge 04–08–2023. Zugegriffen: 23. Sept. 2023

Kröll J (2023) Der Tag, als das „Columbia"-Unglück sieben Astronauten das Leben kostete (01.02.2023). In: Stern.de. https://www.stern.de/panorama/wissen/columbia--als-das-nasa-unglueck-sieben-astronauten-das-leben-kostete-31568842.html. Zugegriffen: 29. Sept. 2023

Leon C (2019) The Pixar Pitch and the 22 rules of storytelling (09.10.2019). Medium.com. https://medium.com/@charlesleon/the-pixar-pitch-and-the-22-rule-of-storytelling-68abf285af6b. Zugegriffen: 28. Sept. 2023

Nussbaumer Knaflic C (2020) Storytelling with data – Let's practice. Wiley, Hoboken

Ryssel D (2022) Dreiakter/Dreiakterstruktur. Filmlexikon Uni Kiel. https://filmlexikon.uni-kiel.de/doku.php/d:dreiakterdreiaktstruktur-2401. Zugegriffen: 23. Sept. 2023

Tufte ER (2003) The cognitive style of powerpoint. ResearchGate. https://www.researchgate.net/publication/208575160_The_Cognitive_Style_of_PowerPoint. Zugegriffen: 29. Sept. 2023

Wikipedia (o. J. a. a.) Storyboard. https://de.wikipedia.org/wiki/Storyboard. Zugegriffen: 23. Sept. 2023

Wikipedia (o. J. a. b.) Regeldrama. https://de.wikipedia.org/wiki/Regeldrama. Zugegriffen: 23. Sept. 2023

Wikipedia (o. J. a. c.) Rick Husband. https://en.wikipedia.org/wiki/Rick_Husband. Zugegriffen: 29. Sept. 2023

Die Visualisierung

5

Müssen Folien schön aussehen?

Du könntest jetzt sagen: „Ich bin Projektmanager:in, ich bin kein:e Grafikdesigner:in."
Und damit hast Du recht. Aber wäre es nicht schade, wenn Dein brillantes Konzept nur
scheitert, weil Deine Folien schlecht aussehen? Meine Antwort lautet also eindeutig: Ja.

Gute, einfach lesbare Folien und Graphen lassen Dich gut aussehen. Es zeugt von
Professionalität und mal ganz ehrlich, Du stichst damit auch aus der Menge heraus. Denn
wir kennen ja die überladenen Folienreporte, die bisher in Präsentationen und immer noch
von allen anderen gezeigt werden. Wie befreiend ist es ja auch für Dich, wenn Du dann
einmal so einen richtig guten Vortrag mit ansprechenden Folien siehst? Und letztendlich
bleiben dadurch Deine Ideen bei Deinem Publikum eher im Gedächtnis hängen. Aber
es bedeutet auch, Mut zu haben, es eben anders zu machen als alle anderen. Und wenn
man dabei der oder die Erste ist, ist das nicht immer mit Zustimmung gesegnet. Aber ich
möchte Dir noch einmal Mut zu sprechen. Es lohnt sich, anders zu sein und es besser zu
machen!

Wie man Folien und Graphen visuell ansprechend gestalten kann, versuche ich Dir auf
den nächsten Seiten etwas näherzubringen. Dabei sollte immer ein wesentlicher Grundsatz
im Vordergrund stehen. Ich bin mir sicher, Du ahnst es schon: „Weniger ist mehr."

5.1 Präattentive Merkmale

Spielen wir ein Spiel. Schau Dir die Zahlenreihe in Abb. 5.1 an und zähle so schnell es
geht, wie viele Fünfen darin zu sehen sind. Am besten, Du schaust auf Deine Uhr und
stoppst mit, wie viele Sekunden Du dafür benötigst.

F. Oehlerking, *Mit Daten überzeugen, mit Geschichten inspirieren*,
https://doi.org/10.1007/978-3-662-68494-8_5

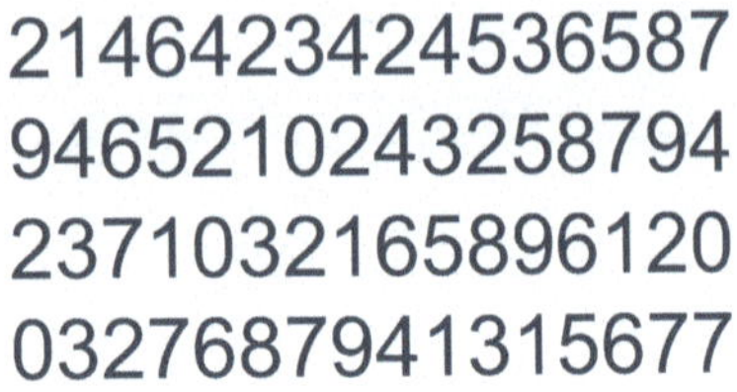

Abb. 5.1 Finde die Fünfen
Teil 1. ©Friederike Oehlerking
2024. All Rights Reserved

2146423424536587

9465210243258794

2371032165896120

0327687941315677

Hast Du alle gefunden? Richtig, es sind sechs Fünfen in dem Bild enthalten. Wie lange hat es gedauert, sie alle zu finden? 10 s, 12 s? Wiederholen wir den Versuch noch einmal. Diesmal nehme ich eine kleine Änderung an dem Bild vor (Abb. 5.2). Wie lange benötigst Du nun, die Fünfen zu finden?

Deutlich weniger, oder? Das war ja auch einfach. Ich habe nur die Farbe der Fünfen geändert.

Was wenn ich jetzt noch eine weitere Änderung vornehme (Abb. 5.3)? Wie lange bräuchtest Du jetzt, die Fünfen zu finden?

Es ist jetzt schon wieder schwieriger, aber Du kennst ja nun auch die Lage der Fünfen. Übrigens ist die Anzahl sechs noch eine überschaubare Anzahl. Wir sind in der Lage, die Anzahl wahrzunehmen, ohne nachzählen zu müssen. Ab sieben wird das schon wieder schwieriger und wir müssen uns anstrengen.

Was will ich damit sagen? Wenn ich die Fünfen akzentuiere, in diesem Fall durch eine andere Farbe, lässt sich der Unterschied schnell erkennen und die gesuchten Objekte werden ganz leicht sichtbar. Wenn ich es aber mit den Farben übertreibe, dann gehen sie in der Menge wieder unter. Unser Gehirn ist sehr gut darin, Muster zu erkennen (Ware 2012, S. 19). Denn wie wir bereits wissen, versucht das Gehirn, Energie zu sparen. Alle Sinneseindrücke jeden Augenblick komplett neu zu bewerten, spränge seine Kapazitäten.

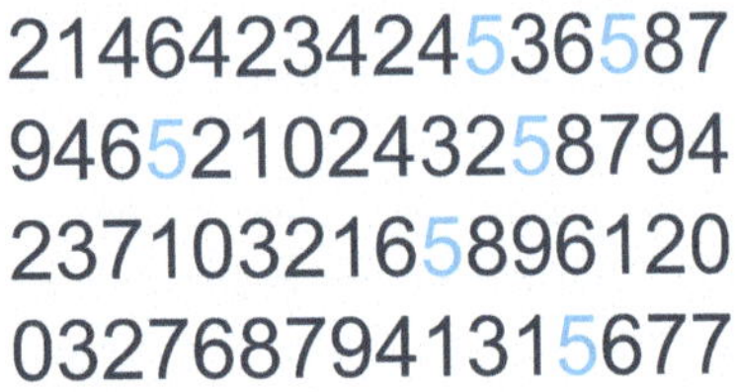

Abb. 5.2 Finde die Fünfen
Teil 2. ©Friederike Oehlerking
2024. All Rights Reserved

2146423424536587

9465210243258794

2371032165896120

0327687941315677

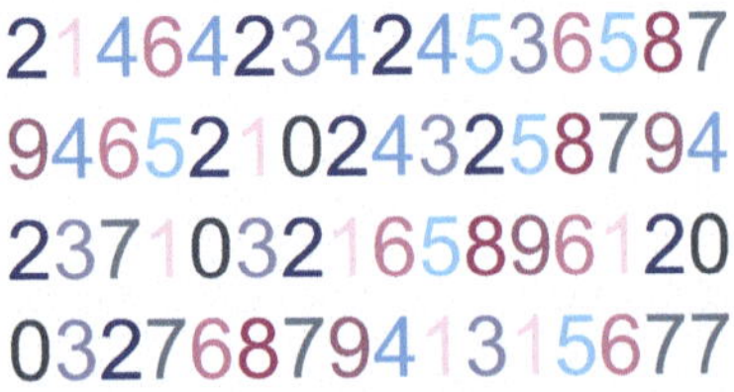

Abb. 5.3 Finde die Fünfen
Teil 3. ©Friederike Oehlerking
2024. All Rights Reserved

2146423424536587

9465210243258794

2371032165896120

0327687941315677

Unsere Wahrnehmung reagiert auch deshalb verstärkt auf die Unterbrechung solcher Muster (Ware 2012, S. 169–171). Genau damit können wir den Fokus der Betrachter:innen auf unsere Visualisierungen steuern. Die präattentive Wahrnehmung besagt, dass unser Nervensystem einen Reiz zwar erkennt und einen Effekt auslöst, wir ihn aber (noch) nicht bewusst wahrnehmen (Mallot 2006, S. 131–133).

Die präattentiven Merkmale, die für die visuelle Wahrnehmung relevant sind, sind in der Abb. 5.4 veranschaulicht (Steven Few 2012, S. 61–77).

Als Du die Abbildung genauer betrachtet hast, ist Dir dabei aufgefallen, wie in jedem Kästchen Dein Auge versucht den Bruch im Muster zu finden? Es zieht unseren Blick und damit unsere Aufmerksamkeit förmlich an wie ein Magnet. Wenn wir diese Brüche in Mustern sparsam anwenden und es eben nicht übertreiben, zieht es also auch in Visualisierungen die Aufmerksamkeit auf sich. Ein zweiter Grund ist, dass wir der dargestellten Information eine Hierarchie geben können. Informationen, die z. B. farblich dargestellt sind, sind wichtiger als solche in grau; großer, fett gedruckter Text ist wichtiger als kleiner usw.

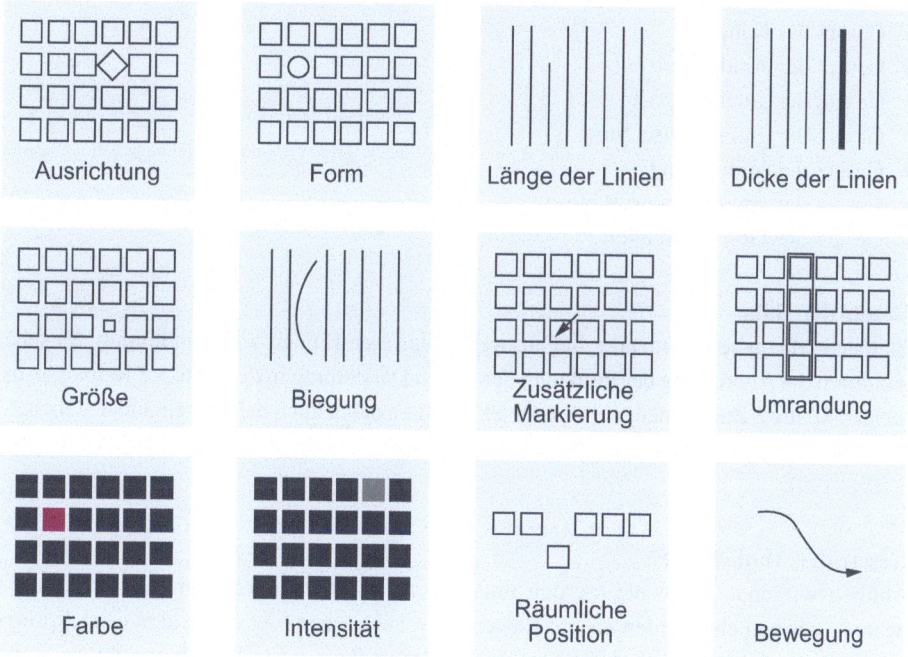

Abb. 5.4 Präattentive Merkmale. ©Friederike Oehlerking 2024. All Rights Reserved

5.2   Gestaltprinzipien

Die Gestaltprinzipien gehen auf eine Gruppe von deutschen Psychologen zurück, die Anfang des 20. Jahrhunderts die Berliner Schule der Gestaltpsychologie gegründet haben.

▶ Definition Gestaltpsychologie

„Die Gestaltpsychologie widmet sich dem Bereich der menschlichen Wahrnehmung. Sie untersucht die zugrunde liegenden kognitiven Mechanismen, die es uns erst ermöglichen, Phänomene wahrzunehmen und einzuordnen" (e-teaching.org 2016).

Die Gestalttheorie ist für die Visualisierung von Kernbotschaften sehr relevant. Die Gestaltprinzipien beschreiben, wie Menschen visuelle Informationen wahrnehmen, organisieren und interpretieren. Wenn wir sie verstanden haben, können wir das Verständnis und die Aufnahme der Informationen in Graphen, Tabellen und Präsentationen seitens des Publikums verbessern.

Es gibt je nach Autor eine unterschiedliche Anzahl von Gesetzen, denen unsere Wahrnehmung unterliegt. Die hier ausgewählten Gestaltprinzipien sind folgende sieben:

- Gesetz der Nähe
- Gesetz der Ähnlichkeit
- Gesetz der guten Gestalt
- Gesetz der guten Fortsetzung
- Gesetz der Verbindung
- Gesetz der gemeinsamen Region
- Gesetz der Geschlossenheit

Gesetz der Nähe
Elemente, die nahe beieinander liegen, werden als eine Einheit wahrgenommen. So sehen wir durch die Anordnung der Punkte in der linken Darstellung in der Abb. 5.5 Reihen, in der rechten Spalten. Zusammengehörige Objekte sollten daher auch nahe beieinander stehen. So können leicht Beziehungen und Muster in den Datenpunkten erkannt werden (Ware 2013, S. 198–199).

Gesetz der Ähnlichkeit
Ähnlich wirkende Elemente werden einander als Einheit zugeordnet. In der Abb. 5.6 nehmen wir nun eher Zeilen als ein Raster wahr, auch wenn hier die beiden Gestaltprinzipien Nähe und Ähnlichkeit durchaus miteinander konkurrieren. Auch hier geht es darum, den gemeinsamen Zusammenhang bzw. Unterschied darzustellen (Ware 2013, S. 199–200).

Gesetz der guten Gestalt
Unser Auge bricht komplexe Figuren in einfachere Objekte herunter. In dem Bild in Abb. 5.7 sehen wir also schnell ein Rechteck und ein Dreieck, die sich überlagern. Wir sind eher dazu

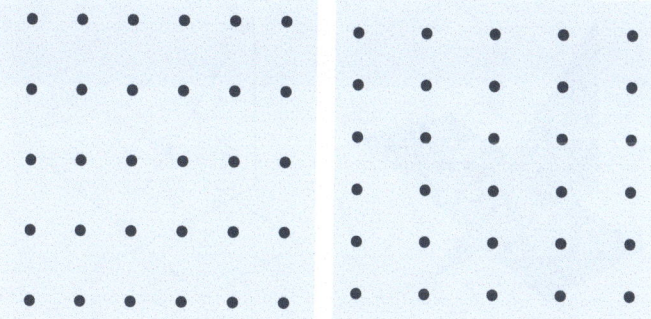

Abb. 5.5 Gesetz der Nähe. ©Friederike Oehlerking 2024. All Rights Reserved

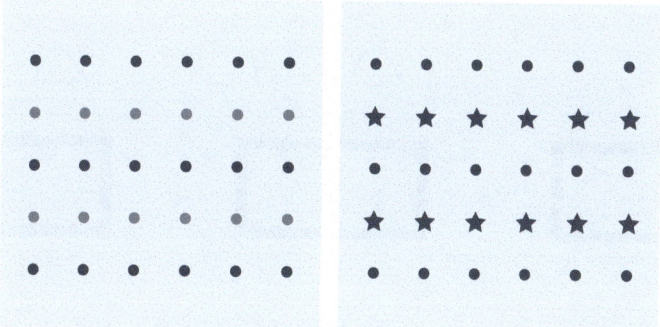

Abb. 5.6 Gesetz der Ähnlichkeit. ©Friederike Oehlerking 2024. All Rights Reserved

gewillt, ein großes Dreieck zu sehen als ein kleines und eine andere Form, die an dem Rechteck anliegt. Die einfachste Form hat in unserer Wahrnehmung den Vorrang (Ware 2013, S. 208–209).

Gesetz der guten Fortsetzung

Unsere Wahrnehmung präferiert den Verlauf eines Elements fortzusetzen, als ihn zu unterbrechen. In dem Beispiel in der Abb. 5.8 sehen wir eher ein Rechteck und eine überlagernde, ungebrochene kurvige Line als eine gebrochene. Das Auge setzt also die Richtung der Linie fort (Few 2012, S. 83–84). Dieser Effekt ermöglicht uns grafische Elemente wegzukürzen, ohne dabei den Gehalt des Graphen zu mindern. Beispielsweise benötigen wir bei einer Tabelle nicht unbedingt die Umrandung jedes Feldes. Die Ausrichtung des Textes lässt uns sehr schnell erkennen, wo sich die Begrenzungen eines Feldes in der Tabelle befinden. Es hilft uns dabei, unsere Visualisierungen zu „entrümpeln".

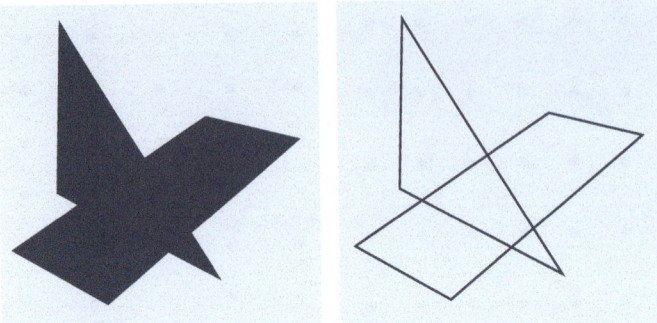

Abb. 5.7   Gesetz der guten Gestalt. ©Friederike Oehlerking 2024. All Rights Reserved

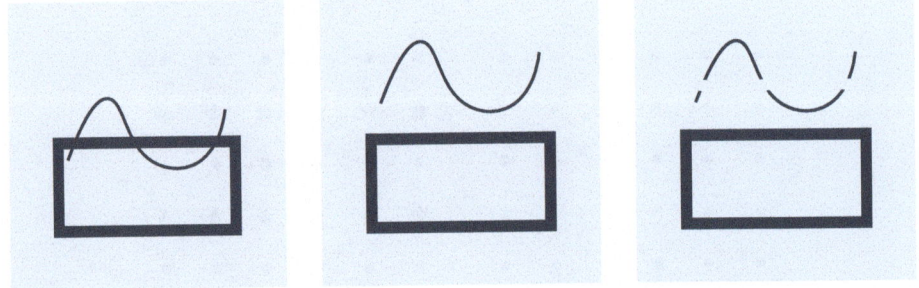

Abb. 5.8   Gesetz der guten Fortsetzung. ©Friederike Oehlerking 2024. All Rights Reserved

Gesetz der Verbindung

Verbundene Elemente werden als ein Objekt wahrgenommen. Es ist das „Ausbuchstabieren"
der anderen Gesetze, die u. a. mit Nähe und Ähnlichkeit argumentieren (Abb. 5.9). Es ist
das wesentliche Prinzip, dass uns bei Liniendiagrammen begegnet (Few 2012, S. 84–85).
Wir verstehen durch die Verbindung sofort, dass die Linien unterschiedliche Elemente in
ihrem Diagramm darstellen sollen.

Gesetz der gemeinsamen Region

Elemente, die sich in einer Umrandung befinden, werden als zusammengehörig wahrgenommen (Abb. 5.10). Auch wenn andere Gesetze wie Nähe oder Ähnlichkeit Anwendung finden
würden, priorisiert die Abgrenzung eines Feldes die Wahrnehmung, dass diese Elemente
anders sind als der Rest der Gruppe (Few 2012, S. 81–82).

Gesetz der Geschlossenheit

Wir tendieren dazu, Lücken gedanklich aufzufüllen. So sehen wir bei einer Grafik wie hier
in der Abb. 5.11 eher ein Rechteck und einen Kreis als zwei unvollendete Elemente (Few

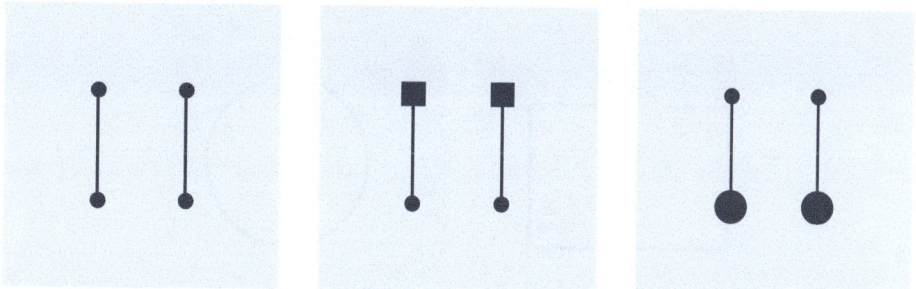

Abb. 5.9 Gesetz der guten Verbindung. ©Friederike Oehlerking 2024. All Rights Reserved

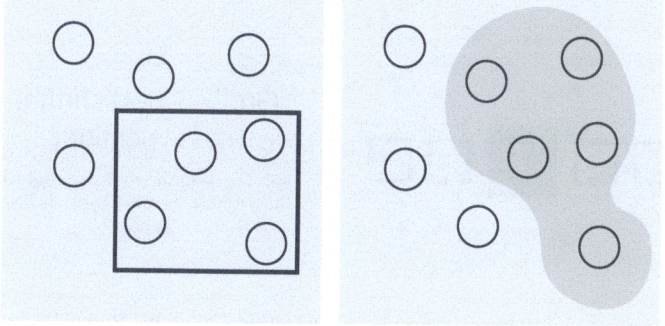

Abb. 5.10 Gesetz der gemeinsamen Region. ©Friederike Oehlerking 2024. All Rights Reserved

2012, S. 82–83). Dieses Prinzip findet beispielsweise bei Koordinatensystemen Anwendung. Wir können es gedanklich als ein geschlossenes Diagramm wahrnehmen, ohne dazu einen weiteren Rahmen darum ziehen zu müssen. Wir dürfen also ruhig grafische Elemente weglassen, ohne dass die Visualisierung unverständlich wird, weil unser Gehirn bereits die Lücke schließt.

Durch die Berücksichtigung der Gestalttheorie können wir die Lesbarkeit, Eindeutigkeit und Verständlichkeit der dargestellten Informationen maximieren, obwohl wir ggf. Elemente entfernen. Inhalte werden sogar besser verankert und verstanden werden, sodass sich das Publikum auch längere Zeit nach der Präsentation noch an die Kernaussagen erinnert, weil sie minimalistisch und fokussiert visualisiert wurden.

5.3 Weitere Grundsätze für Design

Starten wir nun mit ein paar relevanten Grundsätzen des Designs für Folien bzw. Graphen.

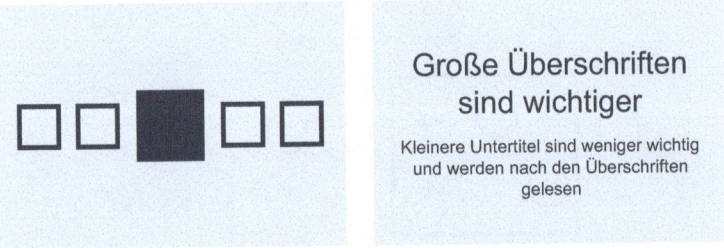

Betonung und Kontrast

Dies geht in die Richtung, die ich bereits bei den präattentiven Merkmalen angedeutet habe. Schauen wir uns dies an den Beispielen in der Abb. 5.12 an.

Die Aufgabe ist also, das Wesentliche herausstechen zu lassen und es mit einem Bruch im Muster zu versehen. Ein wesentlicher Tipp ist, sich im Vorfeld zu überlegen, was man, während die Folie angezeigt wird, sagen will. Dem Argumentationsfluss folgend, versieht man dann die Kernbotschaften mit einem Bruch im Muster – ein größerer Text, eine andere Farbe oder Ähnliches –, um das Augenmerk genau darauf zu ziehen.

Balance

Bei der Balance geht es in erster Linie darum, wie man eine Folie ausgeglichen erscheinen lassen kann. So wirkt das Layout ausgewogen und ordentlich, was wiederum die kognitive Belastung reduziert. Warum das so wichtig ist, werde ich noch in Abschn. 5.5 erläutern.

Jedes Element auf einer Folie hat ein Gewicht. Und Ziel ist es, sie ausgewogen erscheinen zu lassen. Stell Dir vor, Du richtest Dein Wohnzimmer ein. Dabei wirst Du auch versuchen,

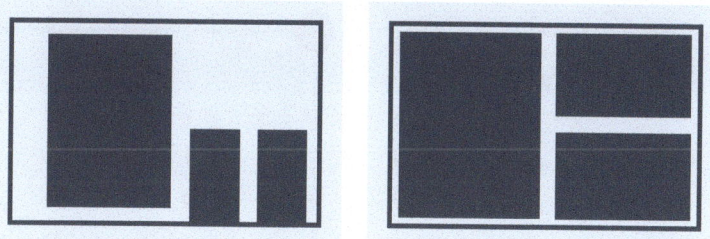

Abb. 5.13 Balance. ©Friederike Oehlerking 2024. All Rights Reserved

bei der Aufstellung der Möbel eine Symmetrie zu erreichen, damit es wohnlich wirkt. Ähnlich verhält es sich auch mit den Elementen auf Deinen Folien. Sieh Dir in der Abb. 5.13 an, wie sich Balance von der linken zur rechten Darstellung herstellen lässt.

Unter das Thema der Balance fällt auch die Drittel-Regel, die zumeist in der Fotografie angewendet wird. Hierbei teilen wir eine Folie sowohl waagerecht als auch senkrecht mit zwei Linien in Drittel. Fun Fact: Die entstandenen Schnittpunkte nennen sich übrigens „Powerpoints". An diesen Linien richtet man die Inhalte und die Elemente aus. Wie Du in der Bildserie in der Abb. 5.14 sehen kannst, ist dadurch ein schneller Effekt von Balance auf der Folie erzielt worden.

Ausrichtung

Ähnlich wie bei der Balance geht es hier um die Ausgeglichenheit des Foliendesigns (Abb. 5.15). Wenn Du die Elemente aneinander ausrichtest, wirkt das Dargestellte einfach sauberer. Achte darauf, dass die Abstände der Elemente zueinander und auch relativ zu den Foliengrenzen gleich sind. So wirken Folien aufgeräumt und „wohnlich".

Wiederholung

Dieser Hinweis ist durch die meist vorhandenen Foliendesignvorlagen der Corporate Identity eventuell hinfällig. Er sei trotzdem erwähnt, für all diejenigen, die keine Vorlagen nutzen. Benutze in Deinen Foliensätzen ein stimmiges Farbkonzept, passende Schriftarten, Designelemente in ähnlichem Stil. Wende diese Einstellungen im gesamten Foliensatz an, damit das Design einheitlich wirkt. Auch das bringt Ruhe in Deine Präsentation und Visualisierung.

Allerdings habe ich auch Kritik an vielen PowerPoint-Vorlagen: Auf jeder Folie befindet sich das Unternehmenslogo. Warum? Haben wir Angst, dass das Publikum innerhalb von wenigen Minuten vergessen könnte, wem sie da gerade lauschen? Gerade in organisationsinternen Präsentationen ist das unverständlich. Ein Logo ist so konzipiert, dass es vor allem eines tut: Aufmerksamkeit auf sich zu ziehen. Auf den Vorlagen befindet sich also per se eine Konkurrenz zu den eigenen Inhalten. Natürlich lenkt es nicht massiv davon ab, aber es füllt den Raum mit unnützen Elementen. Das Logo auf der ersten und letzten Folie zu zeigen, sollte doch im Normalfall reichen. Jedoch werden eigenständige Änderungen an solchen

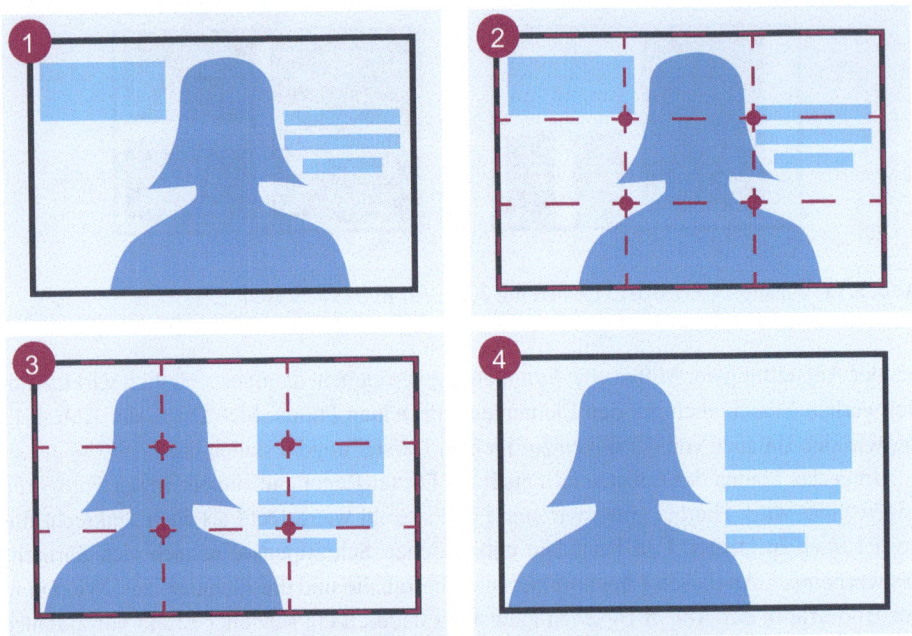

Abb. 5.14 Die Drittel-Regel. ©Friederike Oehlerking 2024. All Rights Reserved

Abb. 5.15 Ausrichtung. ©Friederike Oehlerking 2024. All Rights Reserved

Corporate-Identity-Vorlagen nicht immer gerne gesehen und könnten damit auf Widerstand stoßen. Deshalb sollte man vorsichtig mit eigenmächtigen Änderungen sein.

Mut zur Lücke!

Lass Deiner Botschaft Raum zum Atmen. Der negative Raum, also der Bereich auf der Folie, der nicht das Zentrum der Aufmerksamkeit darstellt, lässt Deine Kernbotschaft erst so richtig herausstechen. Es wird uns immer eingeredet, dass die Anzahl der Folien ausschlaggebend ist und wir uns unbedingt reduzieren sollten. Was damit eigentlich gemeint ist:

Man sollte das Rauschen, also die unwichtigen Informationen, reduzieren. Dem stimme ich grundsätzlich zu. Was aber dann passiert, ist, dass die Ersteller mehr Informationen auf eine Folie quetschen. Das lässt die Folie dann überladen wirken. Hier sollte man sich wirklich angewöhnen, eine einzige Kernbotschaft oder ein Argument pro Folie zu zeigen und dem Ganzen Raum zu geben.

5.4   Weitere Tipps zum Foliendesign

Beim Folienlayout sollte man sich neben den oben genannten Designgrundsätzen Gedanken darüber machen, unter welchen Umständen der Vortrag stattfinden wird. Wirst Du in einer großen Konferenz präsentieren, in der noch Zuschauer:innen in weiter Entfernung sitzen werden? Dann denke an die Lesbarkeit der Texte. Wird es ein dunkler Raum sein, dann wähle einen dunkleren Hintergrund, aus dem sich heller Text abhebt. So wirst Du immer noch Mittelpunkt der Präsentation sein und Du wirst nicht von der hellen Projektion neben Dir überstrahlt.

Aus heutiger Sicht ist das Seitenverhältnis 16:9 die beste Wahl. Das wirkt modern und ist oft das gängige Format. Allerdings sehe ich immer noch Präsentationen, die das Seitenverhältnis 4:3 nutzen und es wirkt damit aus heutiger Sicht etwas angestaubt. In Zukunft wird es da eventuell wieder andere Trends zu den Formaten geben. Daher solltest Du diese Entwicklungen beobachten. Denn auch so etwas färbt auf Dich und die Wahrnehmung des Publikums über Dich ab.

Text

Schriftarten gibt es in unendlich vielen unterschiedlichen Designs. Sie unterliegen, wie in der Abb. 5.16 dargestellt, dem ein oder anderen Modetrend. Die wesentlichen Gruppen (Abb. 5.17) unterscheiden sich nach Max Bollwage (dt. Grafikdesigner, Schriftsetzer und Kalligraf) in Sans Serif, Serif, Slab Serif, Display und Skript (Median community o. J. a.).

Wenn Du selbst die Wahl hast, weil Du nicht an eine Vorlage gebunden bist, dann nimm die Schriftart, die am besten auch auf höhere Distanz lesbar ist. Das sind grundsätzlich Sans-Serif-Schriftarten, weil sie keine Schnörkel besitzen.

Auch bei Text kannst Du Gebrauch von den präattentiven Merkmalen machen (Abb. 5.18). Wenn man es nicht vermeiden kann, längere Texte auf einer Folie zu zeigen, zum Beispiel ein Zitat, dann kann man die wichtigsten Worte so akzentuieren. Gebe diesen Worten eine größere Schriftgröße und eine Signalfarbe, sodass sie herausstechen.

Fotos und Videos

Nutze hochauflösende, qualitativ hochwertige Fotos und Videos in Deinen Präsentationen. Gut gewählte Fotos können gewünschte Stimmungen erzeugen, Deine Argumente unterstützen und vieles auf den Punkt bringen, wofür Du sonst viele Worte bräuchtest. Es gibt

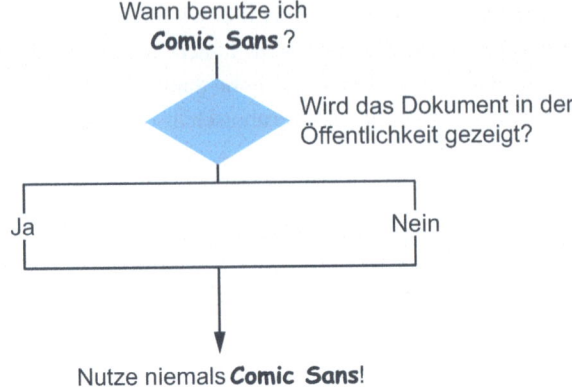

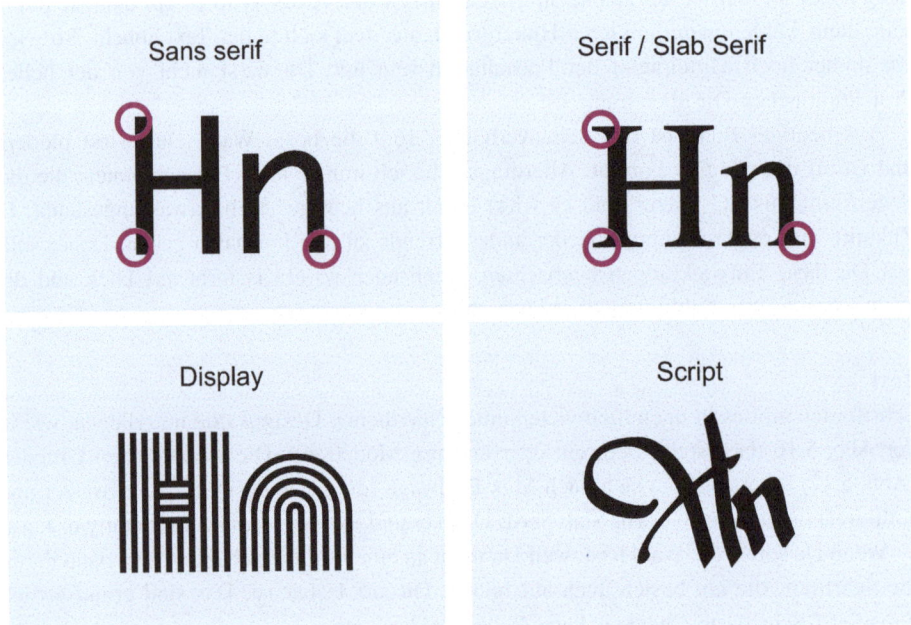

Abb. 5.17 Schriftklassifikationen. ©Friederike Oehlerking 2024. All Rights Reserved

inzwischen einige Webseiten, die kostenlose und lizenzfreie Bilder anbieten, z. B. Shutterstock, Pixabay, Pexels. Ich persönlich arbeite mit verschiedenen Programmen aus der Adobe Creative Suite, daher sind in meinem Adobe Stock Account kostenlose Fotos, Illustrationen, Vektorgrafiken und Videos enthalten, die ich je nach Lizenzvereinbarung nutzen kann.

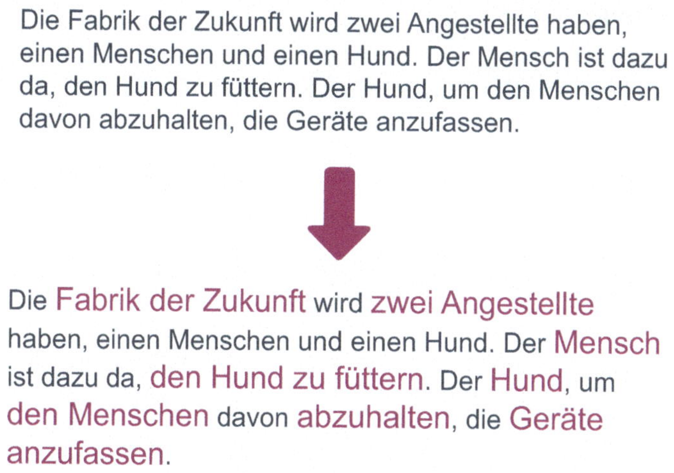

Die Fabrik der Zukunft wird zwei Angestellte haben, einen Menschen und einen Hund. Der Mensch ist dazu da, den Hund zu füttern. Der Hund, um den Menschen davon abzuhalten, die Geräte anzufassen.

Die Fabrik der Zukunft wird zwei Angestellte haben, einen Menschen und einen Hund. Der Mensch ist dazu da, den Hund zu füttern. Der Hund, um den Menschen davon abzuhalten, die Geräte anzufassen.

Abb. 5.18 Anwendung der präattentiven Merkmale bei Text. ©Friederike Oehlerking 2024. All Rights Reserved

Aber auch inhaltliche Videos sind ein starker Kommunikationstrend. Gerade, wenn es darum geht, komplexe Sachverhalte zu erklären. Es gibt z. B. Wissenschaftler, die ihre Untersuchungen unter dem Mikroskop nicht nur mit Foto, sondern ebenfalls mit Video festhalten und diese ihrer Dokumentation beilegen. Das kann auch in manchen Situationen in der Projektabwicklung sinnvoll sein. Besonders, wenn die Bilder oder Videos den Sachverhalt deutlicher darstellen und damit für eine Diskussionsgrundlage dienen können.

Die Mischung macht's

Der Mix aus Medien und anderen Hilfsmitteln (Video, Bilder, Graphen, Fragen, das gesprochene Wort, Text etc.) hilft die Aufmerksamkeit des Publikums immer wieder neu zu gewinnen. Daher solltest Du hier immer eine gute Mischung in Deine Präsentation bringen. Achte im Probelauf beispielsweise darauf, dass spätestens alle 10 min ein Wechsel stattfindet.

Animation

Überlasse Animation grundsätzlich lieber den Profis. Es dauert recht lange, darin so versiert zu sein, dass man professionelle Präsentationen mit Animationen in einer angemessenen Zeit erstellen kann. Die einzige Ausnahme zu dieser Regel sind die Animationen „Erscheinen" und „Verblassen". Diese können genutzt werden, wenn Du Elemente auf Deiner Folie Schritt für Schritt zeigen möchtest. Das ist durchaus hilfreich, zum Beispiel bei einem komplexen Graphen erst die y-Achse vorzustellen, dann die x-Achse, dann die allgemeinen Werte und schließlich die Highlights einzublenden. So kann das Publikum gebremst durch die Inhalte geführt werden und Du stellst sicher, dass sie Dir weiter zuhören.

5.5   Datenvisualisierung

Zwar inspirieren Zahlen, Daten und Fakten Menschen nicht immer sofort zu einer Entscheidung, aber sie dienen als gute Argumente, sie zu überzeugen. Datengraphen, die
Deine These unterstützen, sind ein kraftvolles Instrument. Denn sie dienen als visuelle
Unterstützung und können vieles sehr schnell und viel verständlicher auf den Punkt bringen. Schauen wir uns ein Beispiel an. Wer, meinst Du, findet den Notausgang schneller?
Diejenigen, die die Option 1 in der Abb. 5.19 als Hinweisschild vor sich haben, oder
diejenigen, die die Option 2 vor sich sehen?

Dieses Beispiel macht deutlich, dass wir viel mündlich oder mit Text erklären können, aber ein Bild ersetzt all das in Sekundenbruchteilen. Um das zu schaffen, muss ein
Bild aber auch schnell verständlich sein. Ein Aspekt, den auch Daniel Kahneman auf-
griff. Er stellte den Aspekt der kognitiven Leichtigkeit in seinem Buch *Schnelles Denken,
langsames Denken* vor. Kommen wir einen Moment zurück zu dem Bild des Systems 1,
dem schnellen, automatisierten Autopiloten, und Systems 2, dem langsamen, schwerfäl-
ligen Piloten. Stellen wir uns weiterhin vor, das Gehirn ist die Kommandozentrale mit
einem großen Dashboard zur Steuerung. Auf diesem Dashboard gibt es eine Anzeige, die
die kognitive Leichtigkeit misst. Wenn die kognitive Leichtigkeit hoch ist, laufen wir im
Autopiloten. Alles fühlt sich vertraut und leicht an. Sinkt die kognitive Leichtigkeit, löst
der Autopilot Alarm aus, was den Piloten weckt und nachschauen lässt. Hier erkennt nämlich der Autopilot eine Bedrohung, um die es sich zu kümmern gilt. Gründe für kognitive
Leichtigkeit sind u. a., dass wir uns in einer bekannten Situation befinden. Vielleicht sind

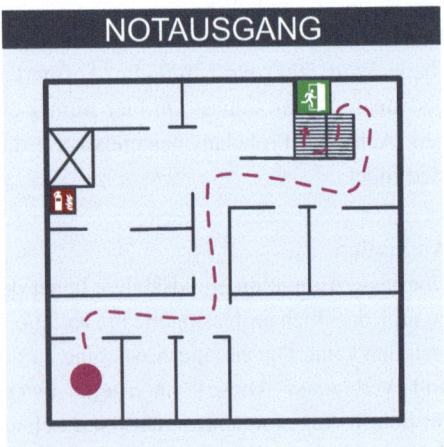

wir gut gelaunt. Ein für das Data Storytelling wichtiger Grund für hohe kognitive Leichtigkeit ist eine klare Darstellung. Wenn man ein Stoppschild sieht, versetzt einen das nicht in Panik.

▶ Die Wirkung von hoher kognitiver Leichtigkeit ist, dass sich die Situation vertraut, gut und mühelos anfühlt und vor allem: wir glauben eher, dass die Informationen, die wir sehen, wahr sind (Kahneman 2011, S. 81–82).

Nicht zuletzt ist es deshalb so wichtig, die Graphen und Diagramme so einfach wie möglich darzustellen.

Ein weiteres Beispiel verdeutlicht das Anscombe-Quartett in Abb. 5.20 und Abb. 5.21. Wir können die Zahlen in der Tabelle nicht so schnell verarbeiten, dass uns hier wirklich ein Muster ins Auge sticht. Schauen wir uns aber die grafische Darstellung derselben Werte an, sehen wir sofort die Trends und vor allem die Ausreißer. Hier wird es sich lohnen, in der Datenanalyse genauer hinzuschauen.

Ein Fallbeispiel

Die Projektleiterin Laura muss dringend Dokumente an ihren Kunden senden. In der letzten Zeit wurden aber die Kapazitäten in der Dokumentationsabteilung, die für die Prüfung, Freigabe und Versendung von technischen Unterlagen verantwortlich ist, deutlich gekürzt. Ihr Projekt ist nur eines von vielen, die gerade auf die Versendung der Projektdokumentation warten. Inzwischen hat sich schon einiges aufgestaut und langsam zeichnet sich ein

Gruppe A		Gruppe B		Gruppe C		Gruppe D	
x	y	x	y	x	y	x	y
10	8,04	10	9,14	10	7,46	8	6,58
8	6,95	8	8,14	8	6,77	8	5,76
13	7,58	13	8,74	13	12,74	8	7,71
9	8,81	9	8,77	9	7,11	8	8,84
11	8,33	11	9,26	11	7,81	8	8,47
14	9,96	14	8,1	14	8,84	8	7,04
6	7,24	6	6,13	6	6,08	8	5,25
4	4,26	4	3,1	4	5,39	19	12,5
12	10,84	12	9,13	12	8,15	8	5,56
7	4,82	7	7,26	7	6,42	8	7,91
5	5,68	5	4,74	5	5,73	8	6,86
Anzahl 11	11	11	11	11	11	11	11
Mittelwert 9,0	7,5	9,0	7,5	9,0	7,5	9,0	7,5
Standardabweichung 3,2	1,9	3,2	1,9	3,2	1,9	3,2	1,9
Korrelationskoeffizient 0,82		0,82		0,82		0,82	

Abb. 5.20 Anscombe-Quartett-Tabelle (Anscombe 1973, S. 19–20)

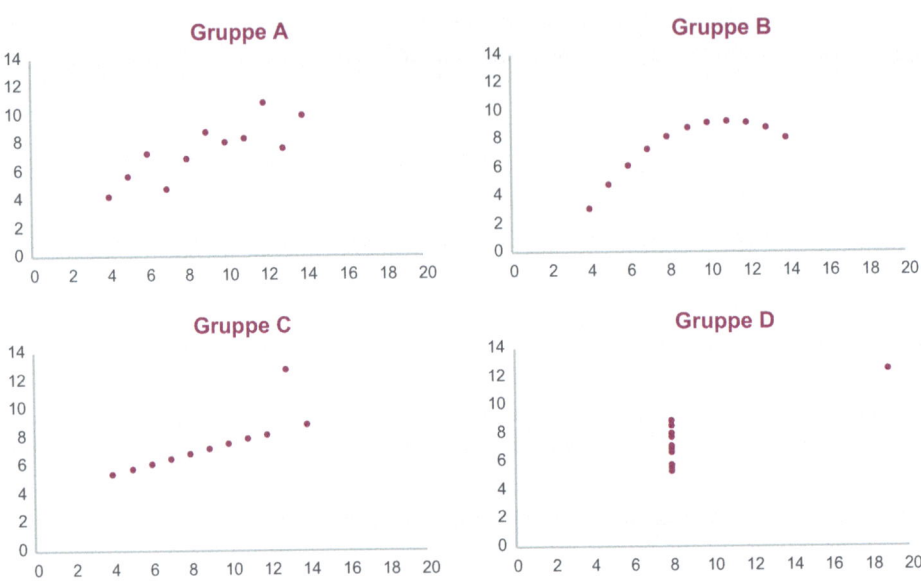

Abb. 5.21 Anscombe-Quartett-Graphen (Anscombe 1973, S. 19–20)

Projektverzug ab, den es unbedingt zu verhindern gilt. Nur so können Verzugsstrafen verhindert werden. Um den Schiefstand für ihr Projekt vorzustellen, hat sie einen Termin mit dem Leitkreis. Zusammen mit ihrem Team hat sie die Darstellung in der Abb. 5.22 für den Verzug erstellt.

Schau Dir diesen Graphen genauer an. Erkennst Du auf den ersten Blick, vor welchem Problem Laura steht und was sie vom Leitkreis benötigt? Lass uns diesen Graphen Schritt für Schritt verbessern. Wenn Du zunächst lange genug auf den Graphen schaust, wirst Du erkennen, dass sich mit fortschreitender Zeit eine Lücke zwischen den zu versendenden Dokumenten und den versendeten Dokumenten auftut. Aber ist dieses Balkendiagramm wirklich gut dazu geeignet, die Lücke eindrücklich und einfach darzustellen? Offenbar nicht. Ein Entscheidungsbaum kann Dir dabei helfen, den richtigen Graphen zu finden. Dr. Andrew Abela (2002) hat einen „Chart Chooser" entworfen, der sehr hilfreich ist, wenn man sich für ein Diagramm entscheiden muss und dabei Hilfe benötigt. Er unterscheidet zwischen vier Zwecken: Vergleich, Verteilung, Zusammensetzung und Zusammenhang. Danach folgen weitere Unterkategorien, die einen die Entscheidung leichter machen sollen, den richtigen Graphen zu wählen. Nichtsdestotrotz solltest Du immer noch einmal prüfen, ob ein anderes Diagramm nicht trotzdem besser funktioniert.

Entscheiden wir uns in diesem Fall für ein Liniendiagramm (Abb. 5.23). Jetzt sehen wir eine deutliche Lücke, die anscheinend im Monat Juni startet. In den Monaten davor schien noch alles in Ordnung zu sein.

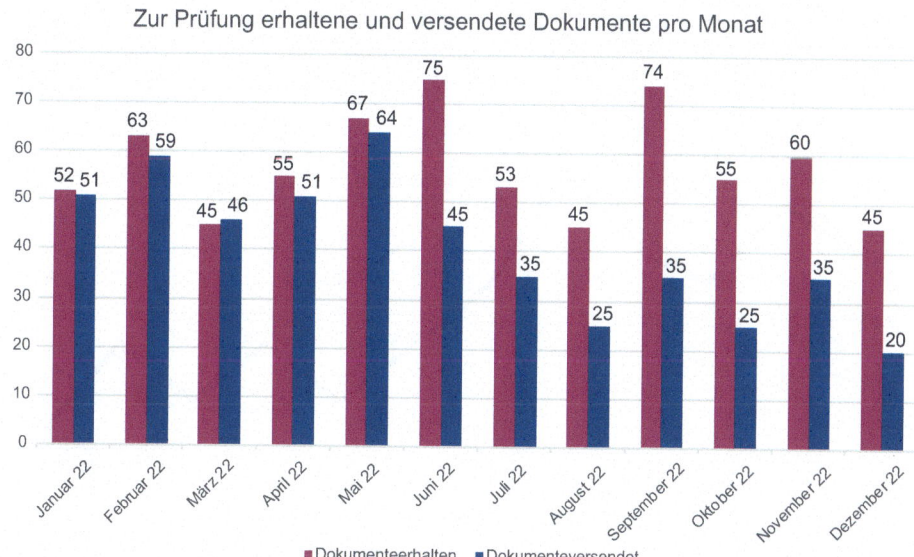

Abb. 5.22 Status Dokumentenversand. ©Friederike Oehlerking 2024. All Rights Reserved

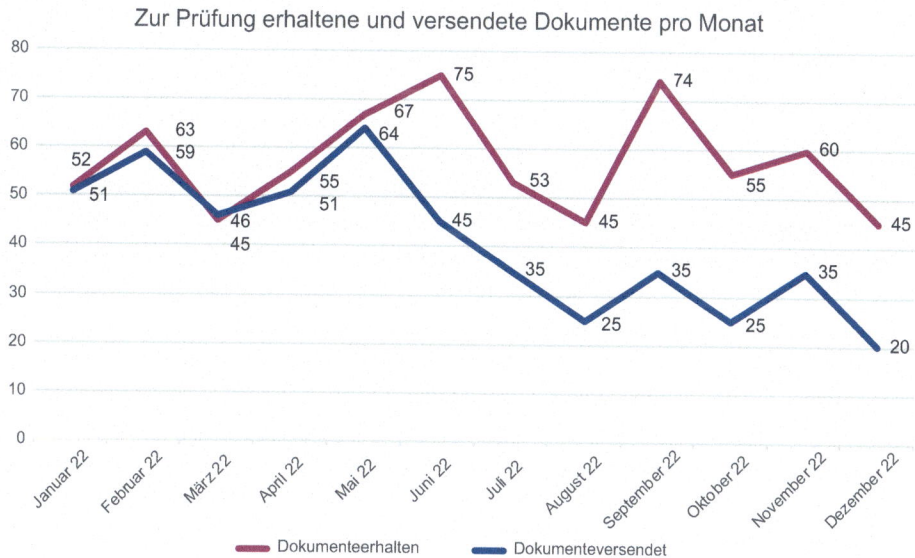

Abb. 5.23 Bearbeitung des Graphen, Schritt 1. ©Friederike Oehlerking 2024. All Rights Reserved

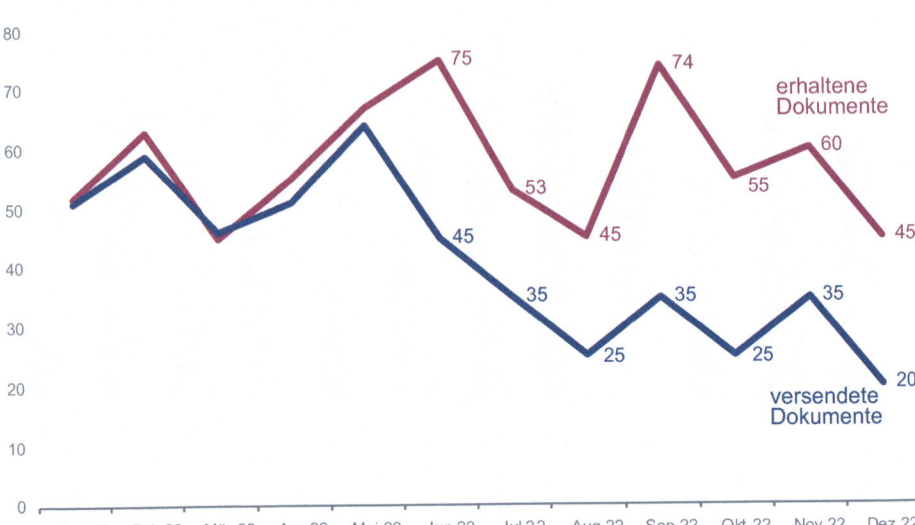

Zur Prüfung erhaltene und versendete Dokumente pro Monat

Abb. 5.24 Bearbeitung des Graphen, Schritt 2. ©Friederike Oehlerking 2024.

In einem Diagramm, das mehr als zwei Farben aufweist, schlage ich vor, im nächsten Schritt Kontraste aus der Grafik zu nehmen (Abb. 5.24). Am besten man färbt alles in Grautönen ein und akzentuiert nur die Elemente im Graphen, die wirklich eine Aussage beinhalten. In unserem Fall sind zwei Farben aber sinnvoll. Im Anschluss entfernen wir alles, was keine wirkliche Relevanz für unseren Graphen hat: Hilfslinien und Beschriftungen, die nicht relevant sind. Dazu sollten die Achsenbeschriftungen besser lesbar gemacht werden.

Schließlich formulieren wir noch die Kernaussage des Graphen, wie in Abb. 5.25 dargestellt. Man kann zwischen der Beschreibung eines Graphen und der Erklärung der Kernbotschaften beim Diagrammtitel unterscheiden. Hier entscheiden wir uns für eine Erklärung anstatt einer Beschreibung und ändern den Titel in „Beim Dokumentenversand wird ein deutlicher Verzug sichtbar" um. Eine Handlungsaufforderung wird später ergänzend als Überschrift auf die Folie gesetzt werden. Sie wird damit die größte Schrift haben und somit das wichtigste Element auf der Folie sein. Jetzt entscheidet sich, ob wir das Thema persönlich vortragen oder wir es hinterher per E-Mail versenden werden. Für den letzten Fall ergänzen wir die Geschichte mit einem kurzen Text. „Im Juni 2022 trat eine neue Regelung für den Export von technischen Zeichnungen in Kraft. Dies verzögerte massiv die zeitgerechte Versendung von Dokumenten. Zwei Auftragsspitzen im Juni und September erschwerten die Situation zusätzlich." Um es dem Publikum einfach zu machen, ergänzen wir eine Hilfslinie für den Juni, das erhöht die Lesbarkeit ohne die Ablenkung der in Excel voreingestellten Hilfslinien. In einer Präsentation, in der man selbst die Ergebnisse vorstellen würde, rate ich davon ab, dies auf die Folie zu schreiben, da es wieder zu viel Text und damit zu Informationsüberlastung führt. Vor allem, weil es sehr wahrscheinlich ist, dass man als Präsentator:in ja genau diese Aussage vortragen wird. Es auf die Folie oder den Graphen zu schreiben ist redundant. Beim Versenden der Präsentation ist es gut, wenn es dann in dem Graphen selbst kommentiert wird. Ich verstehe, dass man ungerne im hektischen Alltag zwei Varianten einer Präsentation erstellen möchte. Mein Tipp dafür ist, den Notizenbereich in PowerPoint zu nutzen. Später könnte man entweder eine PDF-Version nutzen, die neben der Folie die Notizen darstellt, oder die Empfänger:innen der PowerPoint-Datei darauf hinweisen, dass sich die Erläuterungen in den Notizen befinden. Der Vorteil ist, dass man dieses Feld auch im Referentenmodus in PowerPoint sehen kann und daher sie auch während der Präsentation als Gedankenstütze nutzen kann.

Mit dieser Grafik erzählt Laura eine Geschichte, unterstreicht, wie dringend ein Handeln, eine Entscheidung benötigt werden, und liefert einen eindeutigen Call to Action. Datengeschichten brauchen nicht immer einen ganzen Foliensatz. Sie spielen sich auch manchmal in nur ein oder zwei Graphen ab.

Graphen dienen der Visualisierung der Datengeschichte. Sie sind vielleicht vergleichbar mit den Bildern in einem Comicbuch. Sie sollen die Kernaussage eindeutig darstellen, der Text oder das gesprochene Wort geben den Kontext. Um kognitive Leichtigkeit zu erreichen oder andersherum die kognitive Belastung so gering wie möglich zu gestalten, brauchen

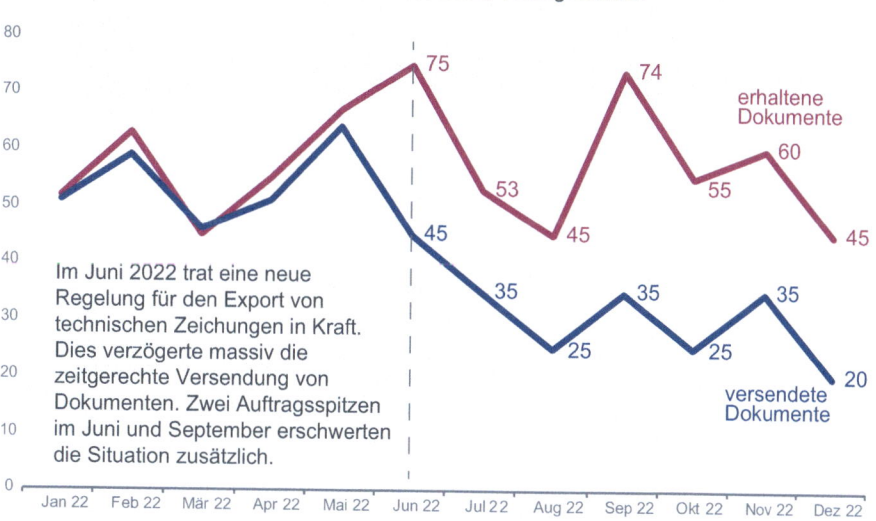

Abb. 5.25 Bearbeitung des Graphen, Schritt 3. ©Friederike Oehlerking 2024. All Rights Reserved

wir einfach lesbare Graphen. Das bedeutet auch, dass wir das in der Präsentationssoftware gut lesbar darstellen. Ich arbeite in der explorativen Phase gerne mit Business-Intelligence-Software wie Tableau. Weil ich hier unkompliziert Daten in Graphen umwandeln kann, ohne selbst genau zu wissen, was ich sehen will, und dadurch schnell auf Ausreißer, Trends oder andere Entwicklungen aufmerksam werde. Aber wenn es darum geht, die Daten zu präsentieren, neige ich dazu, den Graphen in PowerPoint noch einmal vereinfacht zu replizieren. Denn hier habe ich schnellere Gestaltungsmöglichkeiten in der Umformatierung und kann sofort auf die Lesbarkeit achten.

5.5.1 Der richtige Graph

Wie wir aus dem Anscombe-Quartett gelernt haben, sind Tabellen schwer zu entschlüsseln. Trotzdem können sie relevante Hintergründe liefern, die notwendig sein könnten, wenn sich das Publikum im Nachgang die Präsentationsunterlagen noch einmal genauer anschauen möchte. Dafür kann man Tabellen gerne ins „Backup" aufnehmen. Sie während der Präsentation zu zeigen, ist häufig kontraproduktiv, da das Publikum damit beschäftigt ist, aus den Informationen in der Tabelle ein Muster zu erkennen und dabei sehr viel kognitive Belastung erfährt. Selbst bei kleineren Tabellen kann man eine schnellere Wirkung durch die Nutzung von Graphen erzielen. Will man hingegen eine einzelne Zahl in den Mittelpunkt stellen, kann man Eindruck machen, indem sie nur mit Text dargestellt wird (Abb. 5.26). Dann könnte man anstatt eines Graphen vielleicht ein passendes Foto zeigen.

Bei der Auswahl des richtigen Graphen sollten wir uns von der Frage leiten lassen, was wir zeigen wollen. Danach lässt sich auf Basis der Eingruppierung eine gute Entscheidung treffen, welcher Graph in unserem Fall der richtige ist. Hier (Abb. 5.27) meine Übersicht der Graphen, die ich für die am gängigsten genutzten Graphen halte (Kirk 2019, S. 138–188).

Abb. 5.26 Text anstatt eines Graphen (Inhalt: Waid 2019). ©Friederike Oehlerking 2024. All Rights Reserved

55%
der Datenprojekte scheiterten 2019 an Datensilos und unzureichendem Datenmanagement

Waid (2019)

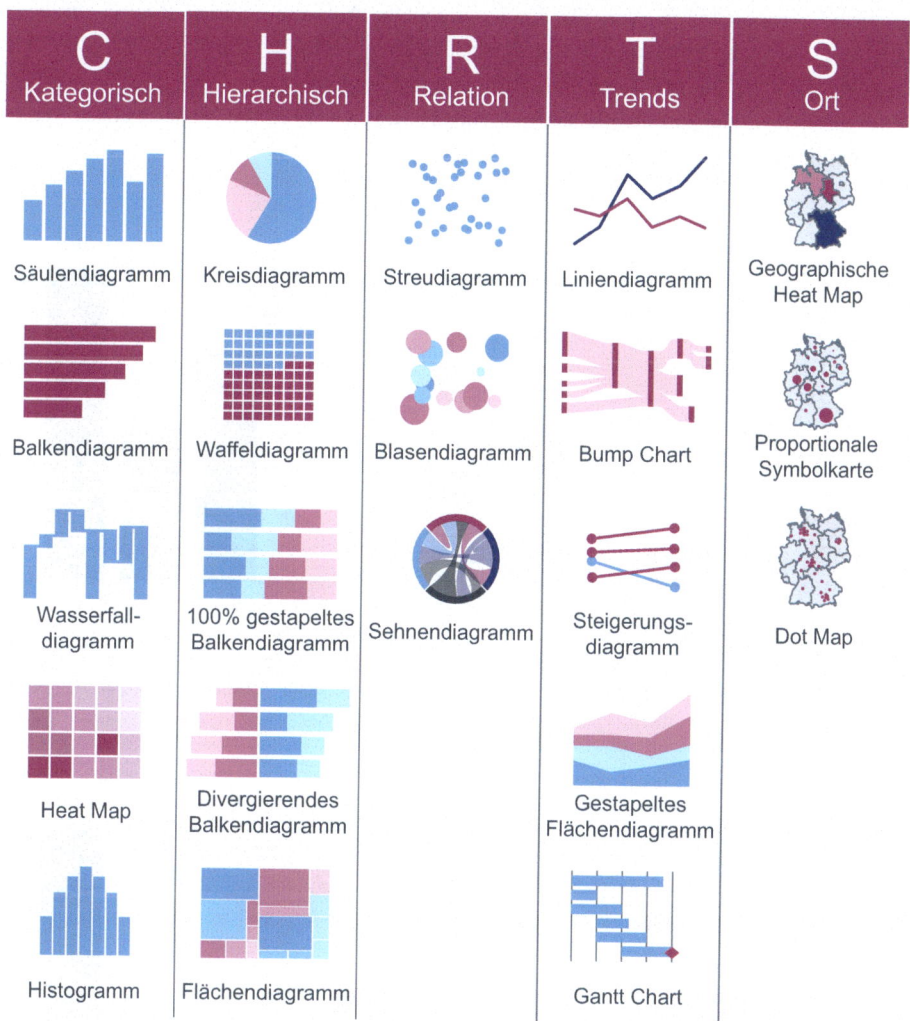

Abb. 5.27 Übersicht der wichtigsten Graphen im Projektmanagement. ©Friederike Oehlerking 2024. All Rights Reserved

Bei der Wahl des richtigen Graphen solltest Du zunächst verstehen, welche Werte in den Vordergrund gestellt werden sollen. Du solltest Dir also die Frage stellen, was der Graph über Deine Daten aussagen soll. Welche Botschaft soll im Mittelpunkt stehen? Danach wird auch wichtig, welche Dimension auf der x- bzw. der y-Achse (eines normalen Koordinatensystems) stehen sollte. Wird so Deine Kernbotschaft wirklich klar und eindeutig? In der Abb. 5.28 und Abb. 5.29 sehen wir zwei verschiedene Darstellungen derselben Daten. Hier sollen die Fehlleistungskosten von drei verschiedenen Projekten miteinander verglichen werden. Die Frage ist, welche Aussage man damit tätigen möchte. Ist es relevant, den Hochlauf über die Jahre 1–3 darzustellen wie in der Abb. 5.28? Oder versteckt sich die Kernaussage eher im zweiten Graphen in der Abb. 5.29? Hier wird akzentuiert, dass die Fehlleistungskosten bei Projekt C im dritten Jahr deutlich stärker ansteigen als bei den anderen beiden Projekten?

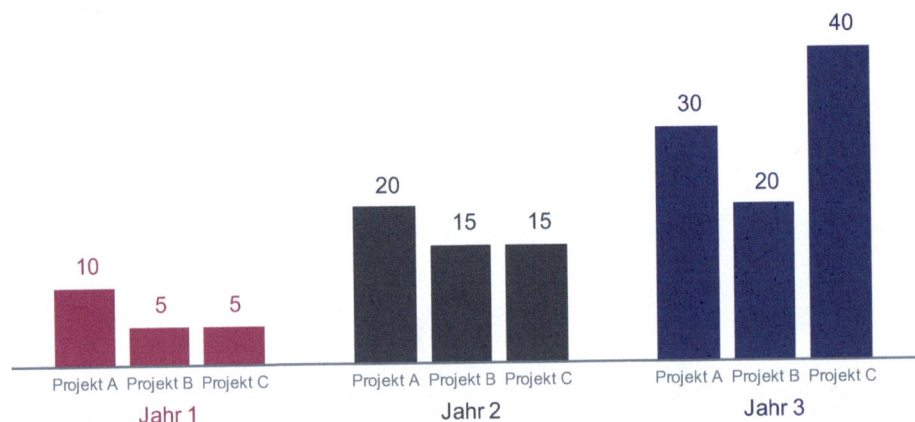

Abb. 5.28 Fehlleistungskosten pro Jahr pro Projekt. ©Friederike Oehlerking 2024. All Rights Reserved

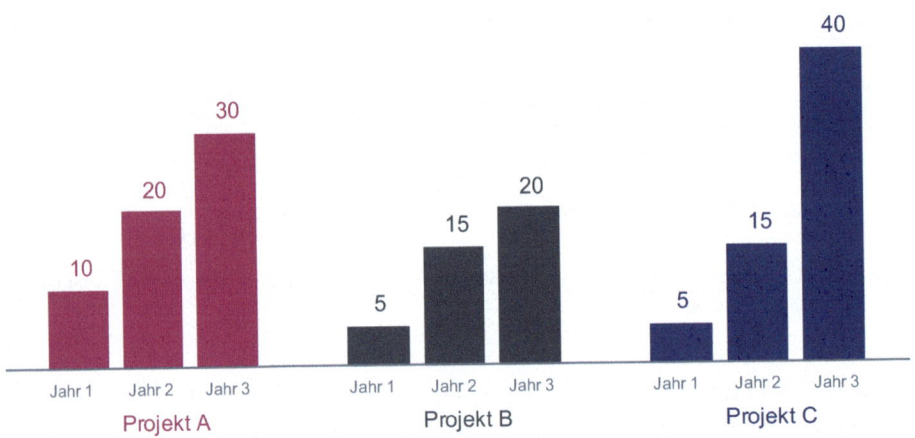

Abb. 5.29 Fehlleistungskosten pro Projekt pro Jahr. ©Friederike Oehlerking 2024. All Rights Reserved

5.5.2 Konventionen in der Datenvisualisierung

Bei den Graphen hat man sich auf bestimmte Konventionen geeinigt, die man unbedingt beachten sollte. Denn letztendlich ist der erste Grundsatz bei der Auswahl des Graphen, es dem Publikum so einfach wie möglich zu machen, die Kernaussage zu sehen. Dabei liegt die Betonung auf „sehen", nicht „entschlüsseln". So wie bei unserem Beispiel der Zahlenreihe im Abschn. 5.1 zu präattentiven Merkmalen möchtest Du, dass Dein Publikum mit Leichtigkeit die Fünfen erkennt und nicht erst suchen muss.

Achsen

Die Zeitachse ist immer die waagerechte Achse, die x-Achse, im normalen (kartesischen) Koordinatensystem. Die Zeit auf der y-Achse, der senkrechten Achse, aufgetragen, würde zu Verwirrung führen (Abb. 5.30).

Unter normalen Umständen nimmt ein fortlaufender Wert auf der x-Achse von links nach rechts zu, auf der y-Achse von unten nach oben (Abb. 5.31).

Alles andere ist verwirrend, wenn nicht sogar schon manipulativ. Auch eine Bewertung von schlecht zu gut kann anhand des kartesischen Koordinatensystems eingeordnet werden. Unsere Erwartungshaltung bei dem Anblick einer Matrix, wenn sie denn eine Bewertung vornimmt, ist, dass sich oben rechts der beste Quadrant und unten links der schlechteste Quadrant befindet (Abb. 5.32). Das ist nicht für alle Matrizen richtig, aber wenn eine Bewertung stattfindet, sollte man versuchen, sie so zu formulieren, dass diese Erwartung bedient wird.

Farben

Farben haben häufig eine Bedeutung. Diese variiert durchaus von Kulturkreis zu Kulturkreis oder ist durch Zeitgeschehen beeinflusst, z. B. rot ist falsch, grün ist richtig oder rot ist weiblich, blau ist männlich. In der Abb. 5.33 findet sich eine Übersicht der in unserem

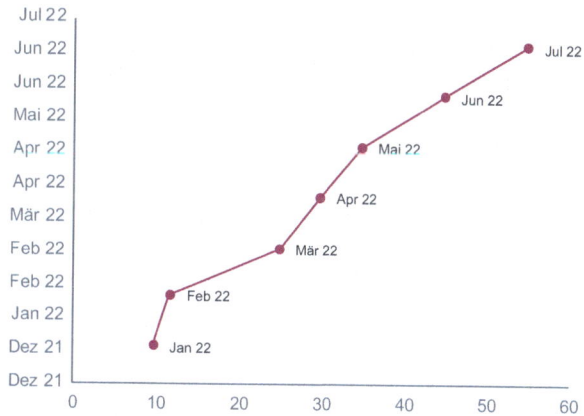

Abb. 5.30 Zeiteinheiten auf der y-Achse führen zu Verwirrungen. ©Friederike Oehlerking 2024. All Rights Reserved

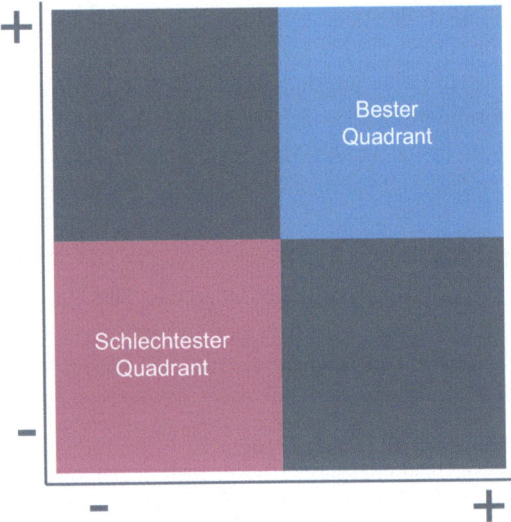

Kulturkreis gängigen Interpretationen (Lant 2019 und Völker 2020 und Wäger 2020, S. 276–277).

Natürlich darf man sich diese Konvention zunutze machen. Ein Ampel-Piktogramm für eine schnelle Statuseinschätzung kann sehr hilfreich sein.

Unbedingt sollte man allerdings darauf achten, dass Menschen im Publikum eine Rot-Grün-Sehschwäche haben könnten. Sie können Helligkeitsabstufungen meist besser erkennen als Farbvariationen (Farbschwaeche.de o. J. a.).

Blau	Grün	Violett	Rot
Ruhe, Gelassenheit, Frieden, Stabilität, Verantwortlichkeit, Integrität, Traurigkeit	Natur, Umwelt, Finanzen, Wachstum, Balance, Gesundheit, Frische	Luxus, Adel, Wohlstand, Mystik, Spiritualität, Weisheit, Würde	Leidenschaft, Liebe, Romantik, Feuer, Krieg, Gefahr, Energie
Orange	**Gelb**	**Pink**	**Grau**
Vitalität, Freundlichkeit, Humor, Jugend, Innovation, Ideen, Denken	Fröhlichkeit, Gefahr, Verspieltheit, Heiterkeit, Intellekt	Mädchenhaft, Spaß, Optimismus, süß, zart	Professionell, Förmlichkeit, Neutralität, Autorität, Sicherheit, Reife
Schwarz	**Weiß**	**Braun**	**Petrol**
Kraft, Eleganz, Luxus, Dunkelheit, Tod, Raffinesse, Mysterium, Macht	Sauberkeit, Reinheit, Einfachheit, Frieden, Hoffnung, Tugend	Traditionell, Natürlichkeit, Verlässlichkeit, Beständigkeit	Kühl, distanziert, steril, Chemie, Krankenhaus, Stolz, Zurückhaltung

Abb. 5.33 Kulturelle Interpretation von Farbe. ©Friederike Oehlerking 2024. All Rights Reserved

Hierarchie/Wertschwere

Hier beziehe ich mich wieder auf die präattentiven Merkmale. Es hat sich eine Konvention bezüglich der Hierarchie oder Wertschwere der Ausprägungen eingebürgert: Längere Linien haben größere Werte als kürzere, größere Flächen mehr als kleinere, dunklere Farbsättigungen sind mehr wert als hellere Farbsättigungen usw. Es erscheint fast überflüssig zu erwähnen, aber uns sollte das stets bewusst sein, damit wir nicht in die Falle der Fehlinterpretation geraten. In der Abb. 5.34 ist das deutlich erkennbar.

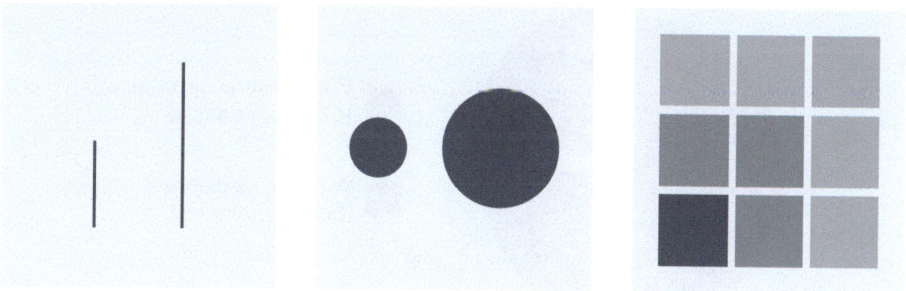

Abb. 5.34 Beispiele für Wertschwere bzw. Hierarchie in grafischen Elementen. ©Friederike Oehlerking 2024. All Rights Reserved

Das Problem mit dem Tortendiagramm

Ein heiß diskutiertes Thema unter Datenvisualisierenden ist das Thema Torten- bzw. Kreis- und häufig damit einhergehend Ringdiagramm. Auch wenn es bisher (noch) keine offizielle Konvention ist, stelle ich es gerne hier auf: Man nutzt keine Kreisdiagramme in einem professionellen Umfeld. In einem humoristischen Umfeld, wie in Abb. 5.36 dargestellt, mögen Kreisdiagramme noch einiges hergeben, aber eben nicht in einem ernstzunehmenden Kontext. Das Problem mit den Kreisdiagrammen ist, dass unser Auge die Winkel der einzelnen Teilstücke miteinander vergleichen muss, um eine Aussage dazu treffen zu können. Winkel kann unser Gehirn aber schlechter verarbeiten als bspw. Längenvergleiche. Wenn die Unterschiede der Teilstücke signifikant sind, dann ist das einfacher möglich, aber was, wenn die Teilstücke ähnlich groß sind? Welche Kategorie des Kreisdiagramms ist die größte in der Abb. 5.35? Ähnliches passiert beim Ringdiagramm daneben. Hier versuchen wir die Bogenlänge der einzelnen Abschnitte miteinander zu vergleichen. Erst in der Darstellung im Säulendiagramm wird es klar und schnell sichtbar, welche Kategorie den höchsten Wert hat.

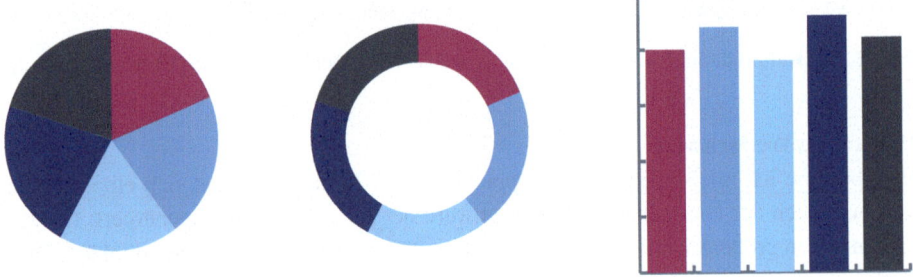

Abb. 5.35 Kreis- und Ringdiagramme sind evtl. schwer zu lesen. ©Friederike Oehlerking 2024. All Rights Reserved

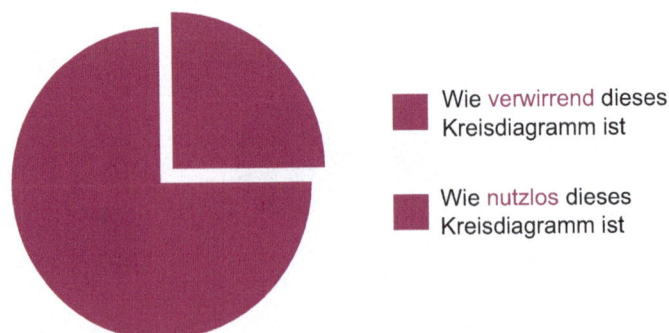

Wie verwirrend dieses Kreisdiagramm ist

Wie nutzlos dieses Kreisdiagramm ist

Abb. 5.36 Typisches Kreisdiagramm. ©Friederike Oehlerking 2024. All Rights Reserved

Natürlich kann man die Lösung anhand von Text dazu liefern, aber theoretisch könnte man dann die Daten auch einfach in einer Tabelle darstellen, denn der Graph ist allein nicht hilfreich.

5.5.3 Weitere Tipps zur effektiven Datenvisualisierung

Entferne Ablenkungen

In vielen Softwareprogrammen zur Datenvisualisierung werden standardmäßig viele Ablenkungen aufgenommen. Das wurde bereits in einigen Programmen wie Excel und PowerPoint reduziert, aber man kann immer noch das ein oder andere rausnehmen. Die Führungslinien im Hintergrund sind nicht immer notwendig, besonders wenn es Beschriftungen der Datenpunkte im Graphen selbst gibt, weil man so nicht mehr an den Achsen die Werte ablesen muss. Dann sind auch die entsprechenden Achsenbeschriftungen überflüssig und können entfernt werden. Wie bereits erwähnt kann es sinnvoll sein, einen Graphen zunächst in unterschiedlichen Grauschattierungen zu erstellen und danach nur das einzufärben, auf das man den Fokus legen möchte. Die Wirkung wird in der Vorher-nachher-Darstellung in Abb. 5.37 erkennbar.

Aggregiere weniger wichtige Informationen zusammen. Du kannst sie unter der Kategorie „andere" zusammenfassen und somit das „Rauschen" reduzieren. Verwende Farben strategisch wie in Abb. 5.38 dargestellt. Je bunter ein Graph, desto verwirrender. Mach Dir also klar, welche Informationen relevant sind. Wenn Du trotzdem eine Abgrenzung zwischen ähnlichen Gruppen benötigst, versuche es mit Schattierungen einer Farbe, um dies kenntlich zu machen, anstatt neue Farben in den Graphen einzuführen.

Wenn Du weiterhin Achsen zeigen möchtest, dann versuche diese nicht zu kleinteilig zu erstellen. Sie sollen lediglich eine Orientierung geben (Abb. 5.39).

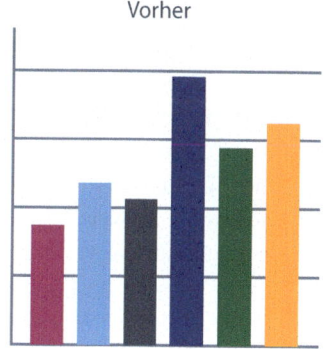
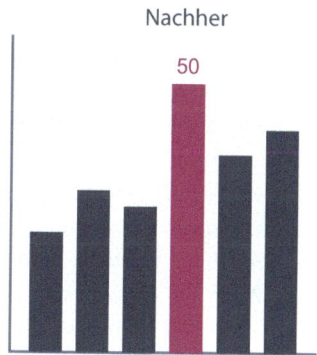

Abb. 5.37 Vorher/nachher: Ablenkungen entfernen.

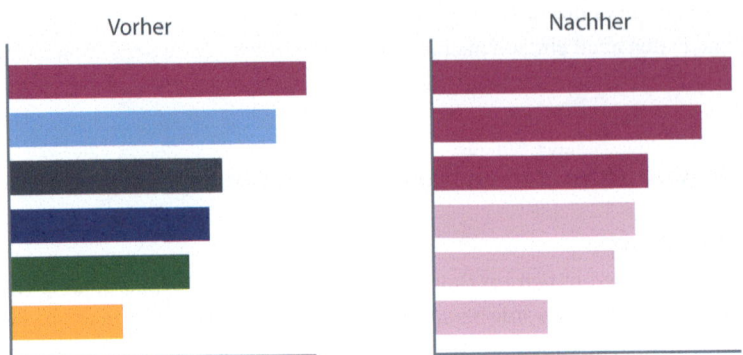

Abb. 5.38 Vorher/nachher: Farben strategisch einsetzen (in Anlehnung an [82] Dykes 2020, S. 237; mit freundlicher Genehmigung von John Wiley & Sons, Inc. USA. All Rights Reserved)

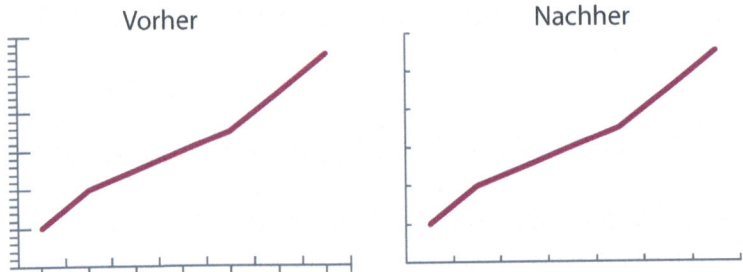

Abb. 5.39 Vorher/nachher: Achsenabschnitte. (In Anlehnung an [82] Dykes 2020, S. 237; mit freundlicher Genehmigung von John Wiley & Sons, In. USA. All Rights Reserved)

Benutze kein 3D oder ähnliche künstlerische Effekte. Diese tragen ebenfalls zur kognitiven Belastung bei und verwirren eher, als dass sie helfen. Ein einfacheres Diagramm ist immer ein besseres Diagramm, um die kognitive Belastung so niedrig wie möglich zu halten (Abb. 5.40).

Häufig benötigt dieser Schritt, Ablenkungen rigoros zu entfernen, ein wenig Mut, es eben anders zu machen als alle anderen. Die Meinung herrscht vor, dass jedes Detail relevant ist oder sein könnte. Versuche trotzdem einmal, einen Graphen so minimalistisch wie möglich zu zeichnen und nur die Informationen aufzunehmen, die absolut notwendig sind, um den Graphen zu verstehen. Versuche mal, bei einem Säulendiagramm die vertikale y-Achse wegzulassen. Wenn Du Datenbeschriftungen an den Säulen aktiviert hast, fehlt Dir jetzt wirklich etwas? Hol Dir immer wieder Feedback von Kolleg:innen ein: Was sieht man als Erstes auf dem Graphen? Ist die wesentliche Aussage auch sofort verständlich? Sticht sie ins Auge?

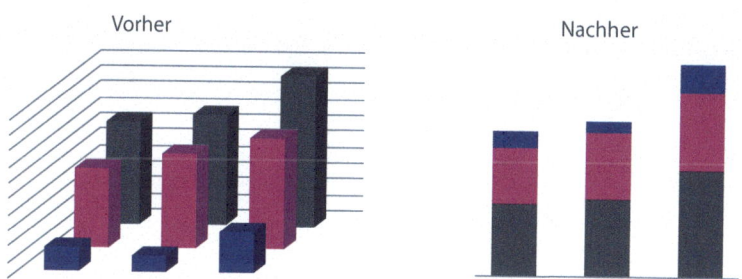

Abb. 5.40 Vorher/nachher: 3D-Effekte. ©Friederike Oehlerking 2024. All Rights Reserved

Mach es Deinem Publikum einfach

▶ **Hilfsmittel**
Mach es Deinem Publikum einfach, Deine Argumentation in den Daten
nachzuvollziehen. Dabei können Dir verschiedene Maßnahmen helfen.

- Trendlinien/Hilfslinien setzen
- Zahlenformate vereinfachen
- Vergleichswerte beieinander halten
- Eine gemeinsame Baseline beim Vergleich schaffen
- Beschriftungen und Anmerkungen anpassen
- Graphen beschreiben oder erklären
- Plane das Folienlayout
- Die Folienüberschrift für den Handlungsaufruf nutzen
- Daten sortieren
- Farben strategisch verwenden

Trendlinien können in unterschiedlichen Graphen, z. B. Schrotschussgraphen, helfen,
unmittelbar auf einen Trend hinzuweisen (Abb. 5.41).

Wenn Du über einzelne Datenpunkte in Graphen mit vielen Datenpunkten sprechen
möchtest, dann kannst Du anstatt der regulären Führungslinien besser individuelle Hilfslinien einzeichnen, sodass die Betrachtenden die Werte schneller an den Achsen ablesen
können (Abb. 5.42).

Präsentationen z. B. für das Management sollten, wenn angebracht, kurze, runde Zahlen beinhalten. Zahlen, wie z. B. „EUR 149.923,56" in Abb. 5.43, sind komplex für unser
Auge. Daher lässt sich so etwas gut in „EUR 150k" abkürzen. Das reduziert die kognitive
Belastung der Betrachtenden. Und das nicht nur in den Angaben auf Graphen, sondern
auf der gesamten Folie. Wenn Du Dich für ein Format entschieden hast, solltest Du es
in der gesamten Präsentation anwenden, damit keine zusätzliche Verwirrung aufkommt.

Abb. 5.41 Trendlinie. ©Friederike Oehlerking 2024. All Rights Reserved

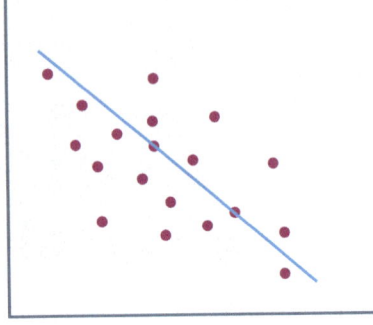

Abb. 5.42 Hilfslinie. ©Friederike Oehlerking 2024. All Rights Reserved

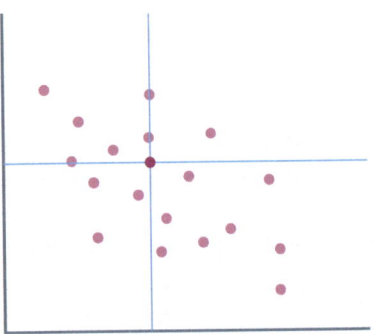

Und auch hier kommt es auf Dein Publikum an. Wenn Du vor einem höheren Management präsentierst, kann es sein, dass Deine Zuhörer:innen eher in Millionen, vielleicht sogar Milliarden Euro denken. Daraus folgert sich dann ebenfalls, dass Werte im Bereich 0,01 Mio. Euro nicht unbedingt viel Aufmerksamkeit bekommen. Daher musst Du Dir die Frage stellen, ob diese Information für dieses Publikum wirklich relevant ist.

Vorher
Projektnachtrag:
Umsatz EUR 149.923,56
Kosten EUR 85.362,42
Gewinn EUR 64.561,14
Nachher
Projektnachtrag:
Umsatz EUR 150k
Kosten EUR 85k
Gewinn EUR 65k

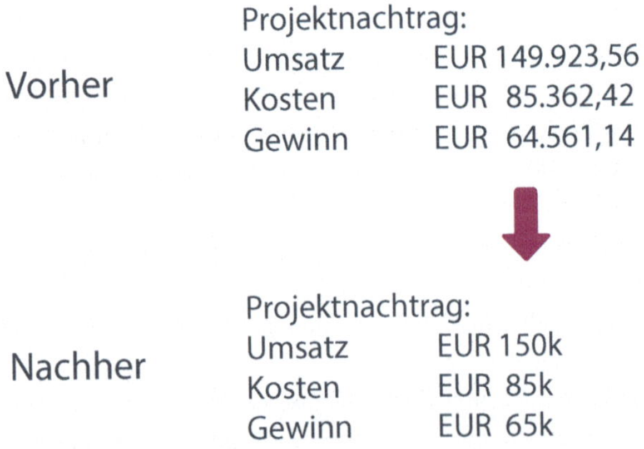

Abb. 5.43 Vorher/nachher: Zahlenformate. ©Friederike Oehlerking 2024. All Rights Reserved

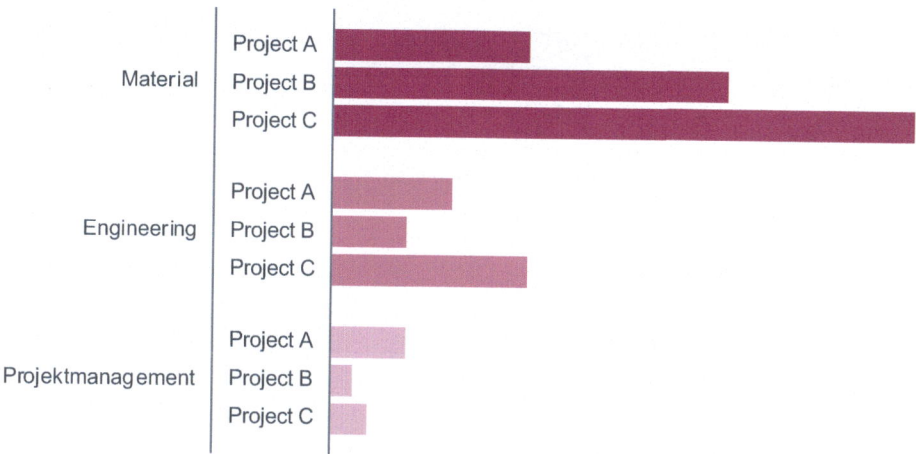

Abb. 5.44 Fehlleistungskosten nach Budget- bzw. Kostenposition. ©Friederike Oehlerking 2024.

Halte Vergleichswerte beieinander, sodass das Auge schnell den Vergleich ziehen kann. Ähnlich wie bei dem Beispiel der Fehlleistungskosten und der Frage nach der Achsenauswahl in Abschn. 5.5.1 solltest Du Deine Argumentation genau hinterfragen. Zeige Deinem Publikum exakt das, was Du ihm sagen möchtest. Erwarte nicht, dass sie für Dich um die Ecke denken, selbst wenn es auf der Hand liegt.

In der Abb. 5.44 vergleicht man die Fehlleistungskosten in den einzelnen Budget-bzw. Kostenpositionen (Engineering, Projektmanagement und Material) miteinander. Um welches Projekt es sich dabei handelt, gerät in den Hintergrund. Bei der Abb. 5.45 ist es umgekehrt. Es ist daher wichtig, zu wissen, welche Aussage Du bei Deinen Zuhörer:innen platzieren möchtest.

Dazu gehört auch, dass Du zu vergleichende Werte auf eine gemeinsame Baseline bringst. In dem Beispiel der Abb. 5.46 siehst du die Ergebnisse einer Kundenumfrage, die vor und nach einem Projekt durchgeführt wurde. Diese Ergebnisse sollen verglichen werden, um den Erfolg des Projektes darzustellen. Es braucht ein wenig Zeit, die Balken im oberen Diagramm miteinander zu vergleichen. Im unteren Diagramm sieht man deutlich schneller, dass die Kund:innen nachher sehr viel zufriedener sind. Man muss allerdings den neutralen Anteil noch einmal separat darstellen. Dieser Graph nimmt mehr Platz ein, aber es lohnt sich, da er sehr viel schneller verstanden wird.

Füge Beschriftungen und Anmerkungen direkt in den Graphen ein. Nutze bei den Beschriftungen dieselbe Farbe wie bei den Datenpunkten im Graphen, so kannst Du die außenstehende Legende entfernen (Abb. 5.47). Das Auge muss nun nicht mehr hin- und herspringen, um den Bezug herzustellen. Allerdings solltest Du auch hier darauf achten, nicht zu viele Informationen abzubilden.

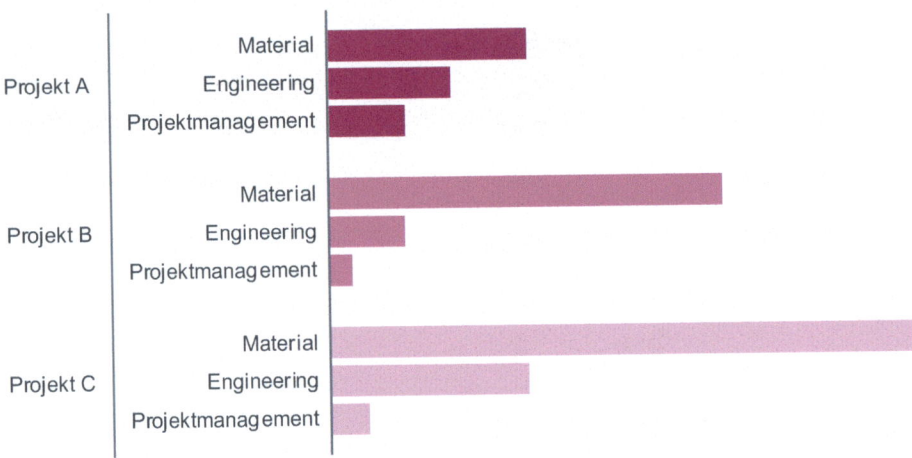

Abb. 5.45 Fehlleistungskosten nach Projekt. ©Friederike Oehlerking 2024. All Rights Reserved

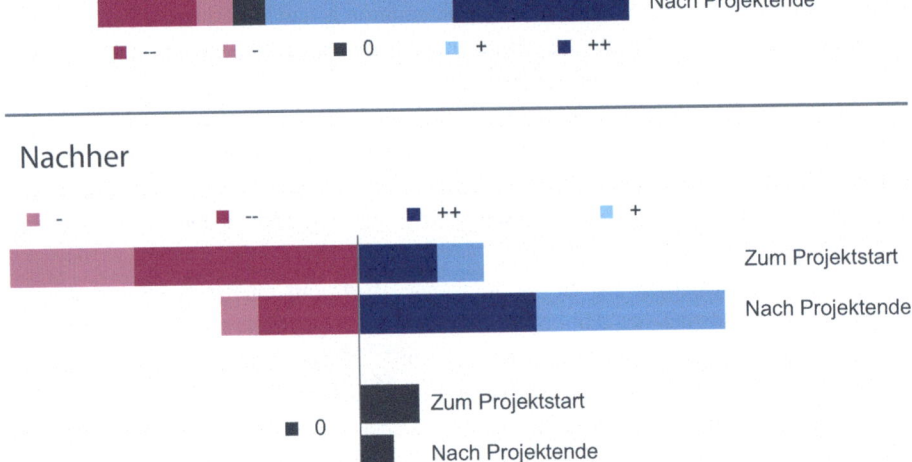

Abb. 5.46 Vorher/nachher: Baseline. ©Friederike Oehlerking 2024. All Rights Reserved

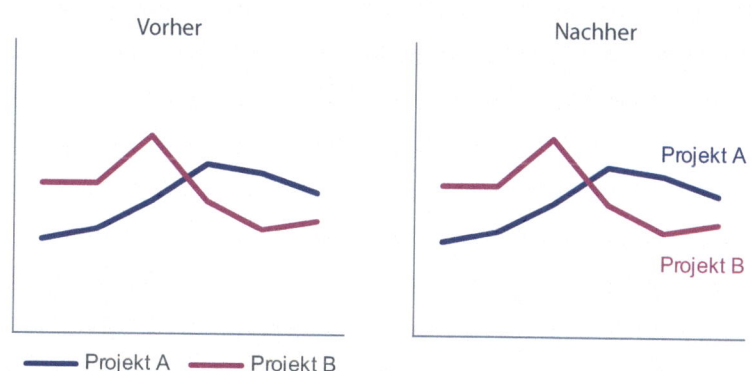

Es gibt zwei Möglichkeiten, Anmerkungen für einen Graphen in einer Präsentation aufzunehmen. Wenn es sich um Hintergründe zum Verständnis von einzelnen Datenpunkten im Graphen handelt, versuche sie in den Graphen aufzunehmen, wie in Abb. 5.48 dargestellt. Bei solchen Anmerkungen solltest Du aber vorsichtig sein. Hier darfst Du nicht schon Deine gesamte Geschichte erzählen, sondern nur absolut notwendige Hintergründe zu den kommentierten Datenpunkten liefern. Bei der anderen Möglichkeit handelt es sich um allgemeine Aussagen und Schlussfolgerungen. Diese kannst Du neben den Graphen auf die Folie schreiben. Natürlich gilt weiterhin der Aspekt, so wenig Text wie möglich auf die gesamte Folie zu schreiben, wenn es sich um eine Live-Präsentation handelt.

Man muss sich stets fragen, wo ein Graph am Ende eingebettet werden wird. Wird das Diagramm allein für sich stehen, zum Beispiel in einem Text, einem Bericht, einer Webseite oder Ähnlichem, dann sollte der Graph auch gleichzeitig Überschrift, Untertitel und Quellen enthalten. So kann das Diagramm für sich alleine stehen und beinhaltet komprimiert alle notwendigen Informationen (Berinato 2016, S. 153–155).

Wird der Graph auf einer Folie eingebettet, wird diese Struktur entsprechend angepasst. Nun wird die Überschrift des Graphen zur Folienüberschrift. Hier sollte auch die Kernbotschaft der gesamten Folie enthalten sein. Ich persönlich nutze nicht den Diagrammtitel, der in der Vorlage von PowerPoint bzw. Excel vorgeschlagen wird. Stattdessen nutze ich den Untertitel auf der Folie. Der Untertitel soll dann mehr Kontext zu dem Graphen liefern. Ein Diagrammtitel würde nur noch einmal wiederholen, was im Untertitel bereits gesagt wurde. Die Abb. 5.49 zeigt ein mögliches Folienlayout für Folien, die einen Graphen als Fokus enthalten sollen.

Für den Untertitel hast Du zwei Möglichkeiten: Entweder beschreibt der Untertitel den Graphen oder er erklärt ihn (Dykes 2020, S. 243). Sagen wir, Du erstellst eine Kapazitätsplanung für Dein Projekt. Du erkennst dabei, dass die Engineering-Ressourcen genau da zurückgehen, wo Dein Projekt in die akute Phase kommen und vermehrte Kundenbetreuung seitens des Engineerings notwendig werden wird. Du willst dies auf einer Seite

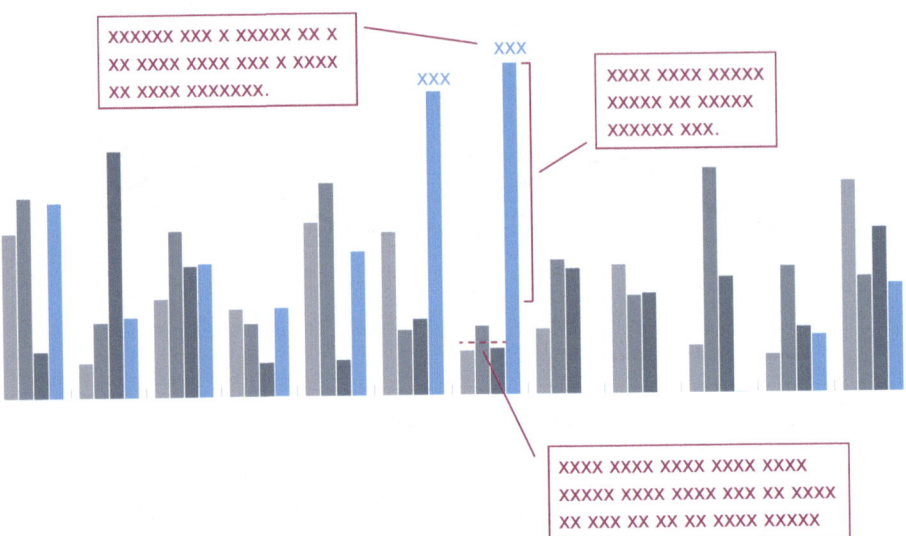

Abb. 5.48 Anmerkungen direkt im Graphen. ©Friederike Oehlerking 2024. All Rights Reserved

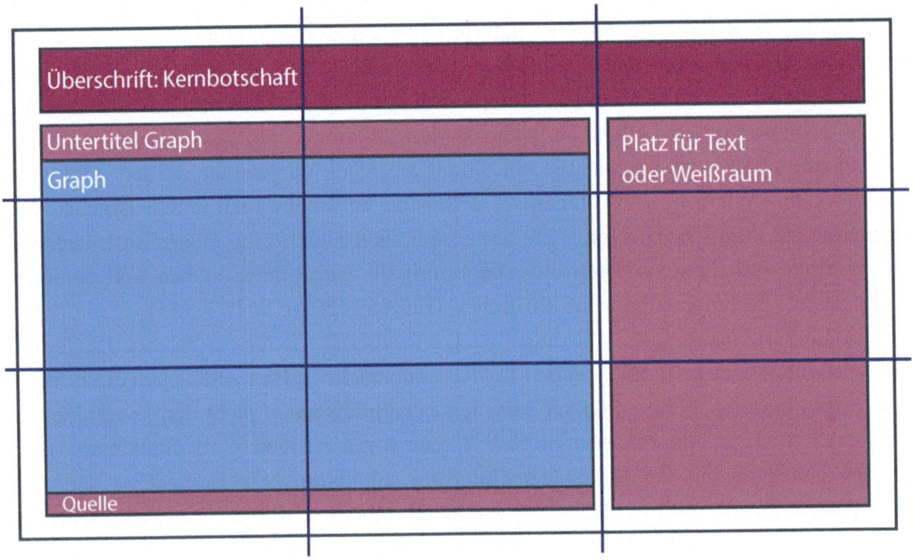

Abb. 5.49 Folienlayout. ©Friederike Oehlerking 2024. All Rights Reserved

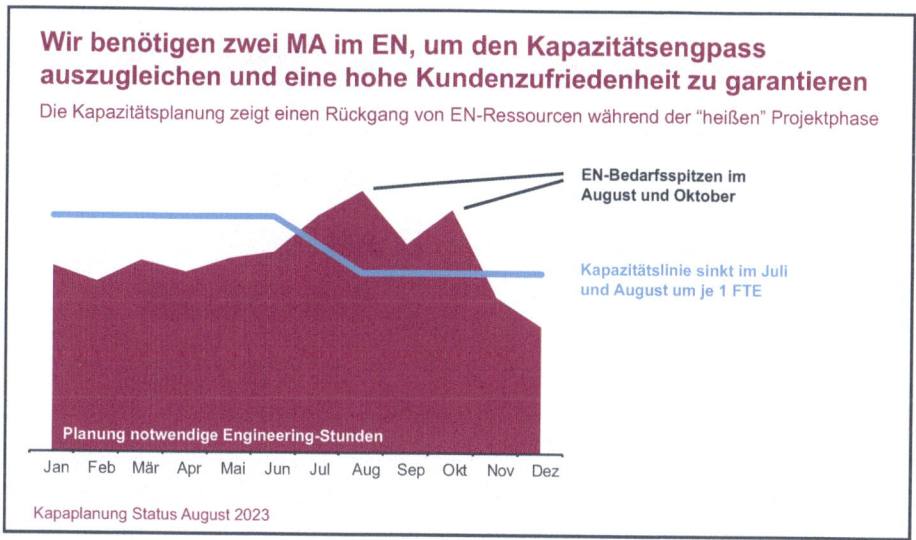

Abb. 5.50 Beispiel Darstellung des Engpasses im Engineering. ©Friederike Oehlerking 2024. All Rights Reserved

deiner Projektpräsentation darstellen. Ein Vorschlag wäre, wie in Abb. 5.50 zu erkennen, den Titel mit der Handlungsaufforderung zu versehen. „Wir benötigen zwei MA (= Mitarbeiter:innen) im Engineering (EN), um den Kapazitätsengpass auszugleichen und eine hohe Kundenzufriedenheit zu garantieren." Der Untertitel kann sich dann auf die Kernbotschaft im Graphen beziehen. Zum Beispiel: „Die Kapazitätsplanung zeigt einen Rückgang von EN-Ressourcen während der ‚heißen' Projektphase". Anschließend dürfen auf dem Graphen selbst noch mit ein paar wenigen Anmerkungen besondere Eckpunkte im Graphen kommentiert werden, wenn nötig. Ein beschreibender Untertitel des Graphen könnte so klingen: „Kapazitätsplanung des Engineerings 2024". Auch ein beschreibender Titel kann sinnvoll sein, meistens kann man aber mit Erklärungen deutlich mehr erreichen.

Wenn es sinnvoll ist, sortiere Deine Daten nach Datenwerten. So können direkt inhaltliche Diskussionen zu den obersten bzw. untersten Werten geführt werden. Manchmal kann es sinnvoller sein, nicht nach den Werten zu sortieren, sondern zum Beispiel eine alphabetische Ordnung beizubehalten, damit bestimmte Werte nachgeschlagen werden können (Dykes 2020, S. 252). Wie immer hängt es davon ab, wie der Graph genutzt wird und was Du sagen möchtest (Abb. 5.51).

5.6   Datenmanipulation

"With great power comes great responsibility" (Benjamin Franklin Parker; vgl. Bryce et al 2002, Min. 35:45–35:49).

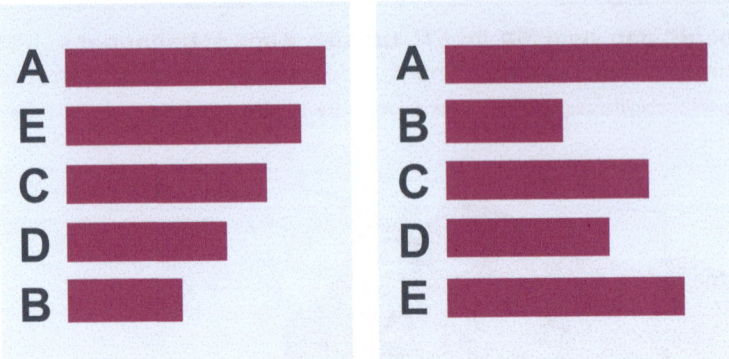

Abb. 5.51 Sortierung. ©Friederike Oehlerking 2024. All Rights Reserved

Ein prominentes Beispiel dafür, wie manipulativ Daten(graphen) missbraucht werden können, ist der Skandal um OxyContin, ein Schmerzmittel, das von Purdue Pharma in den USA hergestellt wurde. Angeblich löste dies Mitte/Ende der 1990er-Jahre die Opioidkrise aus (Henkel 2018). Auch heute noch verursacht diese Krise jedes Jahr 100.000 Todesfälle durch Drogenmissbrauch, das sind mehr als 270 Todesfälle pro Tag (Elsenbruch 2022).

Purdue Pharma wurde beschuldigt, manipulative Taktiken in ihrer Vermarktung und Darstellung der Sicherheit und Wirksamkeit des Medikaments zu verwenden. Seine Pharmareferent:innen stattete der Konzern mit Unterlagen aus, aus denen hervorging, dass OxyContin ein besonders effektives Schmerzmittel mit sehr geringem Suchtpotenzial sei. Dies wurde aggressiv beworben und Ärzt:innen verschrieben das Medikament bereits bei alltäglichen Schmerzen (Brownlee 2007, S. 6–9).

Die Taktiken, die Purdue dabei anwendete, bestanden u. a. in der Manipulation von Diagrammen, die die Plasmakonzentration über einen Zeitraum von 12 h zeigen. Stark abhängig machende Medikamente haben nach der Einnahme einen enormen Plasmakonzentrationsanstieg, der schnell abnimmt und die Patient:innen mit einem Verlangen nach mehr zurücklässt. In Purdues Diagrammen wurde die y-Achse oft so angepasst, dass es den Anschein hatte, als hätte OxyContin eine viel flachere Plasmakurve im Vergleich zu anderen Opioiden, was darauf hindeutete, dass es ein geringeres Risiko für Missbrauch und Sucht hatte (Porrino 2017, S. 14–16). Doch durch die Verwendung einer logarithmischen Skala auf der y-Achse wurde der Anstieg abgeflacht (Abb. 5.52; Brownlee 2007, S. 7).

So versuchte der Konzern das Ausmaß, in dem OxyContin süchtig machte, herunterzuspielen und Gesundheitsdienstleister und die Öffentlichkeit in die Irre zu führen (Brownlee S. 6–9).

Wir als diejenigen, die die Datenerkenntnisse in eine Geschichte verpacken, müssen uns der Verantwortung bewusst sein, die damit einhergeht. Das Publikum wird gerade bei

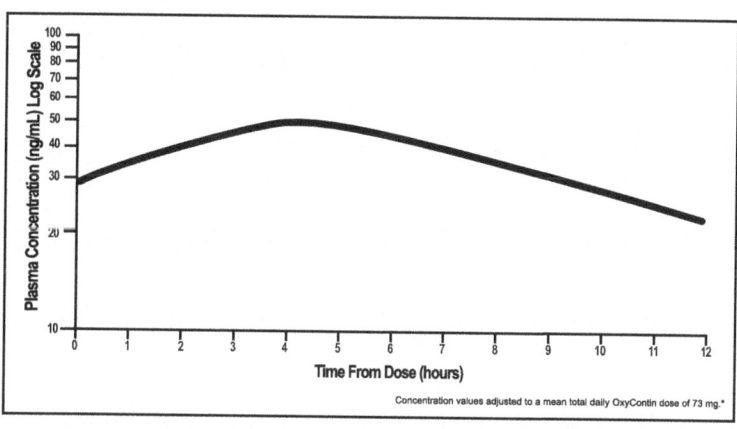

Q12h dosing provides smooth and sustained blood level.

━Fewer "peaks and valleys" than with immediate-release oxycodone

Abb. 5.52 Manipulierter Datengraph von Purdue. (Brownlee 2007, S. 7)

disruptiven Handlungsempfehlungen das Konzept auf Herz und Nieren prüfen. Unstimmigkeiten und Inkonsistenzen werden dabei sehr schnell auseinandergenommen. Und wenn erstmal ein Fehler gefunden wurde, ist das Vertrauen weg und die Tür für eine Entscheidung geschlossen, vielleicht für immer. Die Zahlen müssen auf der ersten Folie zu den Zahlen auf der letzten Folie passen.

Dasselbe gilt im Übrigen auch, wenn wichtige Sachverhalte, die eventuell im Konflikt zu der angepriesenen Lösung bzw. Handlungsempfehlung stehen, verschwiegen werden. Es ist wichtig, nicht nur befürwortende Argumente zu zeigen, sondern auch wesentliche Risiken oder Gegenargumente, die damit einhergehen. Sobald Dein Publikum der Meinung ist, dass Du sie „übers Ohr hauen" willst, ist es vorbei. Deshalb halte auch Deine Graphen sauber von visueller Manipulation. Im Folgenden werde ich Dir ein paar dieser Manipulationen zeigen, sodass Du Dir dieser bewusst bist. Außerdem wirst Du selbst in der Lage sein, Datenmanipulation zu erkennen, solltest Du im Publikum sitzen.

Achsen

Die Graphen in der Abb. 5.53 zeigen den geplanten prozentualen Profit des Projekts über einen Planungszeitraum. In der linken Grafik sehen wir einen stärkeren Anstieg des Profits im Vergleich zur rechten Grafik. Das liegt daran, dass die y-Achse nicht bei 0 beginnt und somit die geringe Steigerung im Profit durch die Verzerrung der Skala sehr viel steiler wirkt. Das ist ein ähnliches Prinzip wie das Vorgehen, das Purdue mit der logarithmischen Skala

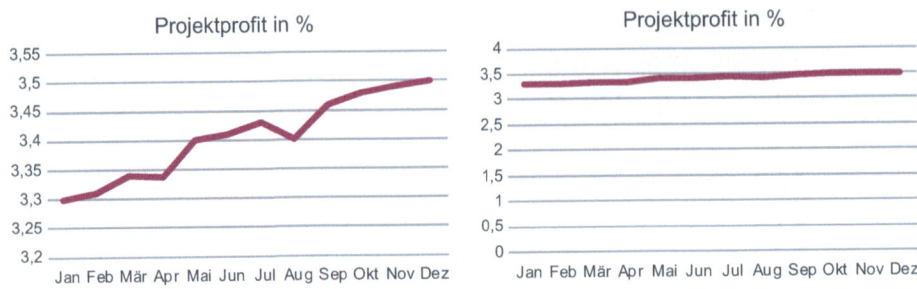

Abb. 5.53 Achsenverzerrungen. ©Friederike Oehlerking 2024. All Rights Reserved

der y-Achse angewendet hatte. Schau Dir also immer genau die Achsen an. Wenn hier etwas komisch wirkt, warum ist das so?

Perspektiven

3D-Graphen sind schwierig, 3D-Kreisdiagramme eine Katastrophe. Durch die perspektivische Änderung ist es dem oder der Ersteller:in des Graphen in der Abb. 5.54 gelungen, Projekt A größer erscheinen zu lassen als die anderen Projekte. Das ist aber nicht wahr. Man könnte meinen, dass die Beschriftungen die Sachlage ja aufklären. Aber das Bauchgefühl, das System 1, hat hier eventuell bereits übernommen.

Auch mit anderen 3D-Graphen kann man eine Verzerrung der Datendarstellung erwirken. Das Auge des Betrachters benötigt wiederum mehr Zeit, die Werte zu entschlüsseln, daher ist von perspektivischen Verzerrungen und anderen künstlerischen Effekten abzuraten.

Farben

Farben können durch die Assoziation, die man mit ihnen verbindet, ebenfalls einen falschen Eindruck geben. Wie oben bereits beschrieben, gehen in verschiedenen Kulturkreisen unterschiedliche Assoziationen mit den Farben einher. Bei uns bedeutet zum Beispiel rot schlecht und grün gut. Daher sollten wir hier darauf achten, diese Farben nicht falsch anzuwenden.

Abb. 5.54 Manipulierendes
3D-Kreisdiagramm.
©Friederike Oehlerking 2024.
All Rights Reserved

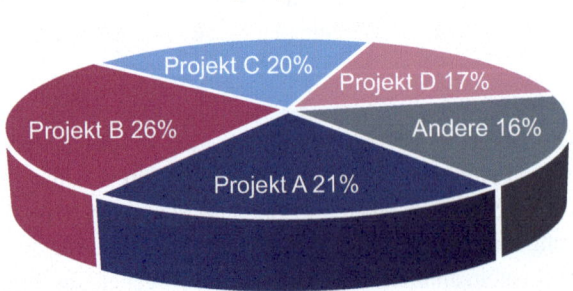

Abb. 5.55 Falsch eingesetzte Farben. ©Friederike Oehlerking 2024. All Rights Reserved

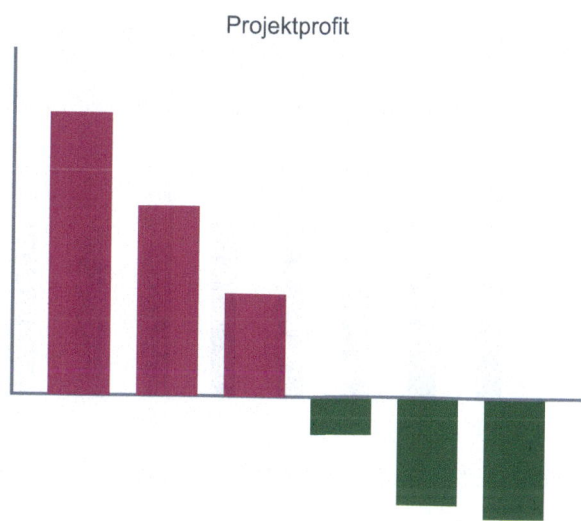

Projektprofit

Man darf sie natürlich anwenden, wenn man genau das auch so signalisieren möchte. Im Beispiel der Abb. 5.55 wurden die Projektverluste allerdings grün eingezeichnet. Dadurch erweckt es den Anschein, als sei dies eine gute Entwicklung für das Projekt.

Trends verstecken, Prozent anstatt absolut
In der Abb. 5.56 sehen wir ein gestapeltes Säulendiagramm. In der Legende sehen wir aber, dass hier einiges miteinander vermischt wurde, was nicht zu vermischen ist. Umsatz-, Kosten- und Profitplanung des Projektportfolios können nicht zusammen 100 % ergeben. Kosten und Profit zusammen sollten den Umsatz ergeben. Selbst wenn wir das für einen Moment ausblenden, sieht es so aus, als würde der Umsatz stabil bleiben, während die Kosten sinken und der Profit steigt. Eigentlich eine gute Situation. Eine Schlussfolgerung könnte nun sein, dass Kosten eingespart werden können. Schauen wir uns aber das Säulendiagramm mit absoluten Zahlen in Abb. 5.57 an, sieht es ganz anders aus. Hier ist ersichtlich, dass auch der Umsatz deutlich zurückgeht. Auch wenn die Kosten deutlich sinken und das Projektportfolio relativ profitabel erscheint, könnte sich der rückläufige Umsatz langfristig zu einem Problem entwickeln. Man sollte bei gestapelten Diagrammen also immer aufpassen, dass man die richtigen Dinge miteinander vergleicht und dass wesentliche Informationen nicht verloren gehen.

Referenzpunkt
Sagen wir ein Teamleiter hat eine Grafik (Abb. 5.58) erstellt, um die Bonuszahlungen seines Teams von Projektmanager:innen (PM) zu begründen. Mit dem Graphen würde man zunächst davon ausgehen, dass PM 1 die größte Leistung erbracht hat. Die Daten wurden aber auch hier in eine bestimmte Richtung gelenkt. Schauen wir uns die absoluten Zahlen in der Tabelle in Abb. 5.59 an, erkennen wir, dass der Teamleiter nicht den Umsatz als

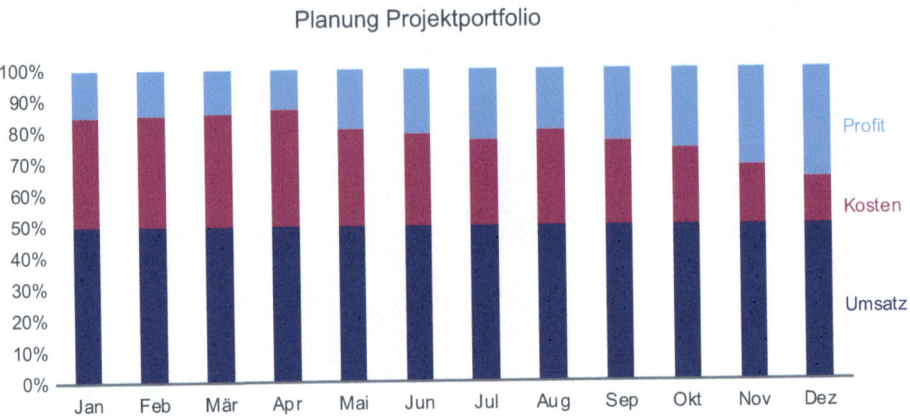

Abb. 5.56 Verstecken von Trends. ©Friederike Oehlerking 2024. All Rights Reserved

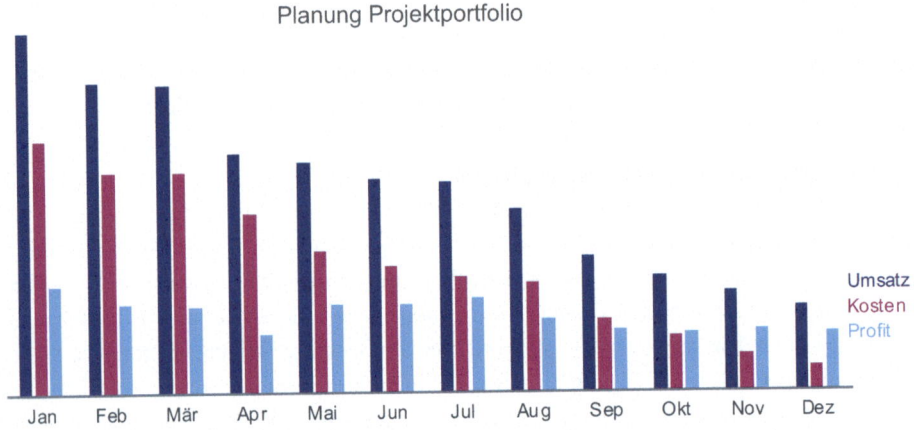

Abb. 5.57 Aufklärung versteckter Trends. ©Friederike Oehlerking 2024. All Rights Reserved

Referenzpunkt für sein Diagramm herangezogen hat, sondern die verkaufte Stückzahl. Der Teamleiter sollte noch einmal überlegen, ob das wirklich das ausschlaggebende Kriterium für die Leistungsbewertung seiner Mitarbeitenden ist.

Falsche Datenauswahl

In der Abb. 5.60 erkennt das Auge zunächst einen vermeintlich steigenden Trend der Fehlleistungskosten in Projekten. Die Annahme wird danach nicht fern liegen, dass eine systematische Verschlechterung der Prozesse diesem Trend zugrunde liegt. Erst beim zweiten Hinschauen erkennt man, dass die Zeitachse nicht durchgängig dargestellt ist. Im Graphen in

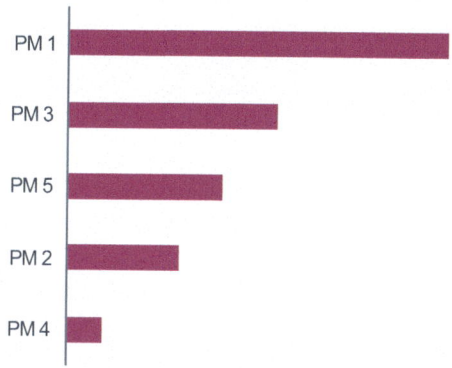

Mitarbeiter	Stückzahl	Stückpreis	Umsatz
PM 4	5	1.000	5.000
PM 5	22	150	3.300
PM 3	30	55	1.650
PM 1	55	20	1.100
PM 2	16	50	800

der Abb. 5.61 lässt sich mit vollständiger Zeitachse diese Vermutung nicht ganz so eindeutig nachweisen.

Übung

Als Übung schau Dir die Abb. 5.62 an. Was fällt Dir als Erstes auf? Warum ist die Farbwahl so, wie sie ist? Jetzt schau in die Details. Geht der Graph nach unten oder nach oben? Was

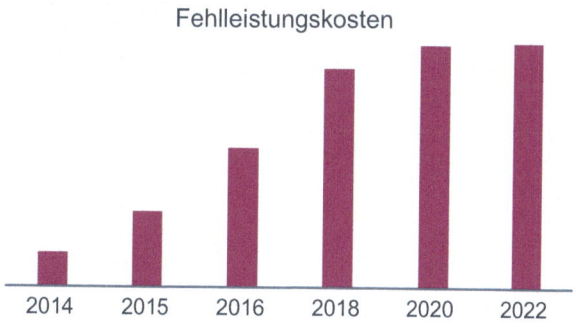

Fehlleistungskosten

Abb. 5.61 Vollständige
Datenauswahl. ©Friederike
Oehlerking 2024. All Rights
Reserved

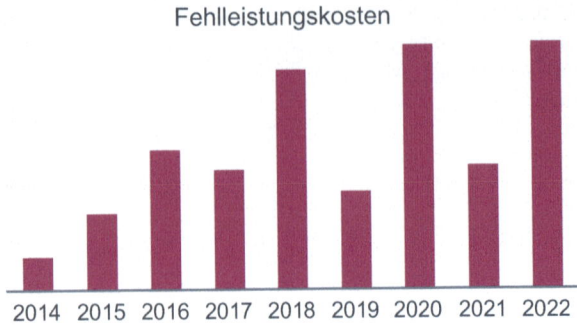

sagen die Achsen? Hat die Einführungen des Gesetzes dafür gesorgt, dass die Todeszahlen
stiegen oder sanken? Fühlst Du Dich betrogen von der Darstellung?

Die Nachrichtenagentur Reuters veröffentlichte diesen Graphen, um den Effekt des
„Stand-your-ground"-Gesetzes zu visualisieren. Leider wirkt die Grafik durch die Umkeh-
rung der Achsen schwer lesbar und die Leser:innen fühlten sich mit dieser Darstellung
hinters Licht geführt, denn auf den ersten Blick wirkt es so, als hätte das Gesetz zunächst
einen positiven Einfluss auf die Todeszahlen gehabt. Erst beim zweiten Blick erkennt man,

Abb. 5.62 Tote durch
Feuerwaffen in Florida. (Aus
Kirk 2019; mit freundlicher
Genehmigung von (c) SAGE
Publications Ltd. UK. All
Rights Reserved)

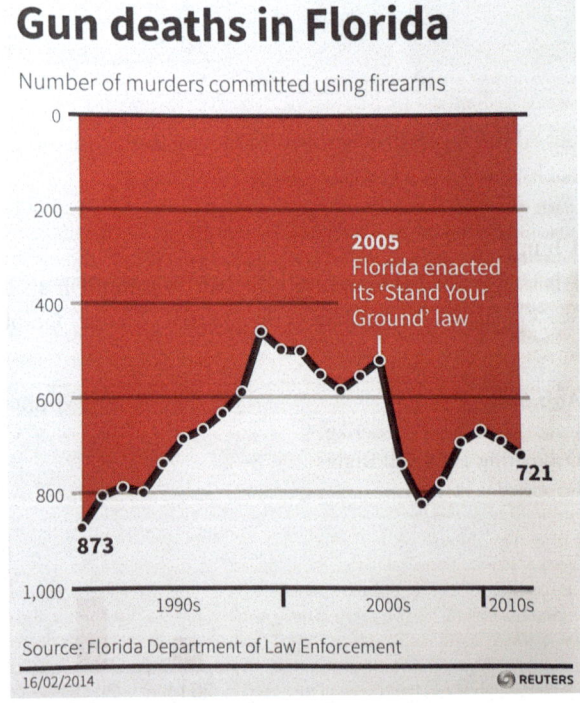

dass die vertikale Achse in der falschen Richtung den Wertzuwachs angibt. Die Todeszahlen sind also eigentlich sprunghaft angestiegen, nachdem das Gesetz erlassen worden ist.

Literatur

Anscombe FJ (1973) Graphs in statistical analysis. Am Stat 27(1), 17–21. JSTOR. https://doi.org/10.2307/2682899. Zugegriffen: 23. Sept. 2023

Berinato S (2016) Good charts: the harvard business review guide to making smarter, more persuasive data visualizations. Harvard Business School Publishing Corporations, Boston

Brownlee J L (2007) Purdue 2007 agreed statement of facts. Attachment B to Plea Agreement. United States v. The Purdue Frederick Co., Inc. Case 1:07-cr-00029-JPJ, Document 5–2. United States Attorney, Western District of Virginia. https://www.documentcloud.org/documents/5744917-Purdue-2007-Agreed-Statement-of-Facts. Zugegriffen: 24. Sept. 2023

Bryce I, Ziskin L (Produzent:innen (2002) Spider-Man™. Columbia Pictures

Dr. Abela A (2020) The extreme presentation™ Method (06.09.2006). https://extremepresentation.typepad.com/blog/2006/09/choosing_a_good.html. Zugegriffen: 23. Sept. 2023

Dykes B (2020) Effective data storytelling – How to drive change with data, narrative, and visuals.Wiley, Hoboken

e-teaching.org (2016) Gestaltgesetze (31.03.2016). Leibniz-Institut für Wissensmedien. https://www.e-teaching.org/didaktik/gestaltung/visualisierung/gestaltgesetze. Zugegriffen: 23. Sept. 2023

Elsenbruch N (2022) Valium für das Volk (11.02.2022). Süddeutsche Zeitung. https://www.sueddeutsche.de/kultur/sackler-purdue-pharma-empire-of-pain-opioidkrise-1.5526724. Zugegriffen: 24. Sept. 2023

Farbschwaeche.de (o. J. a.) Drei Regeln zum Farbschwäche-gerechten Gestalten. Interessenverband der Farbsehschwachen und Farbblinden e.V. https://www.farbsehschwaeche.de/ratgeber/drei-regeln-farbsehschwaeche-gerecht-gestalten. Zugegriffen: 24. Sept. 2023

Few S (2012) Show me the numbers – Designing tables and graphs to enlighten, 2. Aufl. Analytics Press, El Dorado Hills

Henkel C H (2018) Das Mittel hinter Amerikas Schmerz (10.03.2018). Neue Zürcher Zeitung. https://www.nzz.ch/wirtschaft/das-mittel-hinter-amerikas-schmerz-ld.1364683. Zugegriffen: 24. Sept. 2023

Kahneman D (2011) Schnelles Denken, langsames Denken. Penguin Verlag

Kirk A (2019) Data Visualisation – a handbook for data driven design, Zweit. SAGE Publications Ltd, London

Lant K (2019) Diese Wirkung haben Farben in Marketing und Werbung. https://99designs.de/blog/design-tipps/farben-marketing-werbung/. Zugegriffen: 24. Sept. 2023

Mallot HA (2006) Visuelle Wahrnehmung. In: Funke J, Frensch PA (Hrsg.) Handbuch der Allgemeinen Psychologie – Kognition, 1. Aufl., Hogrefe-Verlag. S. 127–137

Median community (o. J. a.) Schriftklassifikation nach Max Bollwage. Zentral-Fachausschuss Berufsbildung Druck und Medien und MedienBildung VerlagsGmbH https://mediencommunity.de/system/files/Schriftklassifikation%20nach%20Max%20Bollwage.pdf. Zugegriffen: 23. Sept. 2023

Porrino CS (2017) Complaint for violation of the New Jersey False Claim Act, N.J.S.A. 2A:32C-1, ET SEQ., as well as other claims. Attorney General of New Jersey. https://nj.gov/oag/newsrelea ses17/NJ-Purdue-Complaint_Redacted_final.pdf. Zugegriffen: 24. Sept. 2023

Völker M (2020) Grafikdesign. 1. Aufl. Books on Demand. https://www.perlego.com/book/178 9454/grafikdesign-grundlagen-der-gestaltung-pdf. Zugegriffen: 24. Sept. 2023

Wäger M (2020) ABC des Grafikdesigns. Rheinwerk Verlag Bonn

Ware C (2013) Information visualization – perception for design, 3. Aufl. Elsevier, Inc., Waltham

Waid B (2019) Solving the last mile problem for data science project success (23.07.2019). Forbes. https://www.forbes.com/sites/forbestechcouncil/2019/07/23/solving-the-last-mile-problem-for-data-science-project-success/?sh=546be74d5493. Zugegriffen: 25. Sept. 2023

Der Auftritt

6

Viele sind der Meinung, dass eine Präsentation der Foliensatz ist, den man präsentiert. Als Präsentator:in begibt man sich dabei gerne in den Hintergrund und lässt „die Daten sprechen". Allerdings sollte man in dieser Situation einen wichtigen Grundsatz beherzigen:

▶ Nicht die Folien sind die Präsentation, Du bist es!

Eine Präsentation sollte nicht einem Diavortrag aus den 1980ern ähneln. Man schaut sich nicht gemeinsam Bilder an und eine Stimme aus dem Off kommentiert das ein oder andere, was gerade an die Wand geworfen wird. Eine Präsentation sollte ein Expert:innen-Gespräch sein. Diese Person steht vor dem Publikum und teilt ihr Wissen. Wenn sie dann die ein oder andere Visualisierung zeigen kann, um ihre Argumente zu verdeutlichen, entsteht eine Präsentation. Wenn wir dieses Mindset annehmen, werden die Foliensätze per se schon anders aussehen.

Der eigene Auftritt in wichtigen Präsentationen kann entscheidend die Karriere beeinflussen. Wenn wir stottern, dem Publikum die gesamte Zeit den Rücken zudrehen, um selbst die projizierten Inhalte vorzulesen, eintönig vor uns her murmeln, dann werden wir nicht als kompetent wahrgenommen. Für die Leitung wichtiger Projekte werden kompetente, souveräne Führungspersönlichkeiten gesucht, die Unternehmertum und Krisenfestigkeit demonstrieren. Sie müssen in der Lage sein, mit Kunden und Lieferanten zu verhandeln und ein Team zu führen. Diese Kompetenz wird erwartet und in solchen Momenten der Sichtbarkeit immer wieder auf den Prüfstand gestellt. Deshalb sind Präsentationen auch ein wichtiges Instrument, um sich selbst zu vermarkten und zu positionieren. Diese Chance sollte man nicht dem Zufall überlassen.

© Der/die Autor(en), exklusiv lizenziert an Springer-Verlag GmbH, DE, ein Teil von
Springer Nature 2024
F. Oehlerking, *Mit Daten überzeugen, mit Geschichten inspirieren*,
https://doi.org/10.1007/978-3-662-68494-8_6

Ein guter Auftritt lässt nicht nur die Aufmerksamkeit, Glaubwürdigkeit und das Vertrauen beim Publikum wachsen. Er schafft eine emotionale Verbindung. Die Zuhörerschaft ist eher bereit, dem Präsentierenden zuzuhören und sich überzeugen zu lassen. Und das führt dazu, dass man als Projektleitung eher das gewünschte O. K. zum Handlungsvorschlag erhält, was einen dann wiederum erfolgreicher in der eigenen Arbeit macht. In diesen Präsentationen entscheidet sich die Zukunft der Karriere mehr als hinter dem Schreibtisch, von dem aus man seine Projekte führt.

Üben, üben, üben

Eine Vorbereitung der Präsentation ist essentiell. Dabei geht es nicht allein um die Erstellung der Folien. Mit fortschreitender Erfahrung im Arbeitsalltag tendiert man dazu, Präsentationen „aus der Hüfte zu schießen". Man liest die Folien womöglich selbst das erste Mal, in dem Moment, in dem man sie präsentiert. Oft ist das nicht nur eine grobe Überschätzung seiner eigenen Fähigkeiten, sondern eine Beleidigung des Publikums, denn es braucht keinen Vorleser. Denk dabei an eine Profi-Tennisspielerin. Sie kann Nummer eins der Weltrangliste sein, sie wird trotzdem trainieren. Immer wieder.

▶   Trockenübungen sind hervorragend, um Inhalte und Übergänge der Folien zu verinnerlichen. Wenn man genau weiß, was man auf jeder Folie sagen möchte, wird man sicherer.

Dabei geht es nicht um das Auswendiglernen. Dann hätte man bei Texthängern das Problem, eventuell gar nicht mehr in „den Flow" zurückzufinden. Vielmehr geht es darum, sich wirklich einzuprägen, worum es im Kern auf jeder Folie geht. So kann Dich nichts mehr aus der Ruhe bringen: Rückfragen und Unterbrechungen vom Publikum, Versagen der Technik oder Springen in die Backup-Folien. Du bist auf alles vorbereitet.

Dazu können solche Trockenübungen dabei helfen, in der Zeit zu bleiben. Je häufiger man eine bestimmte Präsentation hält, desto kürzer wird man in seinen Ausführungen. Da man in den meisten Fällen dazu neigt, zu viel zu erzählen als zu wenig, ist die Vorbereitung wichtig, damit man sich während des tatsächlichen Auftritts kurzhält und die Kernaussagen effektiv kommuniziert.

Die Technik muss laufen

Ich weiß, ich weiß. Wir alle kennen das, wenn die Technik nicht funktioniert, und wir ärgern uns darüber. Deshalb will ich es auch nur kurz ansprechen, denn es sollte heutzutage eine Selbstverständlichkeit sein. Stelle vorab sicher, dass die Technik funktioniert. Wenn Du eine Fernbedienung nutzt, probiere sie vorher aus. Teile Deine Präsentation und prüfe, ob Dein Publikum den Präsentationsmodus und nicht den Referentenmodus sieht. Beim virtuellen Teilen der Präsentation, stelle sicher, dass Du auch den Ton teilst, wenn Du ein Video zeigen wirst. Für all das sollte man sich ein paar Minuten vor der Präsentation Zeit für einen Technikcheck nehmen und eine Person bitten, Feedback zu geben, ob es klappt.

Körpersprache, Mimik und Gestik

Ein großer Teil unserer Kommunikation geschieht nonverbal. Ein wichtiges Element dabei ist unsere Körpersprache. Wenn eine Person geduckt vor dem Publikum steht, mit beiden Händen in den Hosentaschen und sich womöglich am Rand hinter einem Pult versteckt, dann erweckt diese Beschreibung nicht den Eindruck, dass es sich dabei um eine selbstbewusste und erfolgreiche Person handelt. Zum Thema Körpersprache bei Präsentationen gibt es viele Bücher und Kurse, die noch viel mehr ins Detail gehen, als ich das hier in einem Buch über Data Storytelling darstellen könnte. Aber es ist wichtig, darauf hinzuweisen, dass die Körpersprache und Ausstrahlung wichtig für eine erfolgreiche Präsentation sind. Daher möchte ich ein paar Tipps aus meiner Sicht mitteilen.

Der Merksatz: „Nicht die Folien sind die Präsentation, Du bist es", findet auch hier Anwendung. „The stage is yours", ist der Satz, der mir just in dem Moment, in dem ich eine Bühne betrete, durch den Kopf geht. Das ist Deine Bühne. Nutze den Platz voll aus. Ich laufe gerne durch die Gegend. Hier muss man natürlich darauf achten, keinen Marathon auf einer Grundfläche eines mittelgroßen Balkons zu laufen. Aber ein bisschen Bewegung bringt sowohl Bewegung in die Präsentation als auch in Deinen Kopf. Ein stabiler, gerader Stand zum Publikum gerichtet ist ebenso wichtig. Dadurch wirkt man kompetent und selbstbewusst.

> ▶   Gute Laune ist ein wichtiges Hilfsmittel, um sympathisch zu wirken. Auch hier kann man sich in Stimmung bringen. Wenn man einen Stift einige Minuten waagerecht im Mund hält und darauf achtet, dass die Lippen ihn nicht berühren, zwingt man den Mund zum Lächeln. Studien haben ergeben, dass diese körperliche Position das Gehirn dazu bringt, Glückshormone auszuschütten (Cordes 2022).

Beide Hände während des Vortrags in den Hosentaschen zu vergraben, ist verpönt. Allerdings kann eine Hand ruhig ab und zu in der Hosentasche verschwinden, meiner Meinung nach strahlt das eine gewisse Leichtigkeit und Gelassenheit aus. Aber auch da kommt es auf den Rahmen und das Maß an. Ansonsten sollten die Hände ungefähr in Hüfthöhe als Standardposition verweilen und etwaige Gesten zur Unterstreichung des Gesagten genutzt werden.

Verstecke Dich nicht hinter einem Pult. Für Anfänger:innen ist das noch ganz hilfreich, um sich an den Notizen vor sich festhalten zu können. Als erfahrene:r Projektleiter:in solltest Du allerdings nach der Vorbereitung in der Lage sein, Deinen Vortrag recht frei oder mit Notizen in Deiner Hand halten zu können. Auch hier solltest Du, wenn Du Notizen nutzt, nicht ständig auf sie starren und so mit gesenktem Kopf vor Deinem Publikum stehen.

> ▶   In der Zeit, in der sich unsere Präsentationen immer mehr in den virtuellen Raum als den Besprechungsraum verlagern, sollte man trotzdem die Körpersprache nicht vernachlässigen. Häufig hilft es, eine Präsentation im Stehen

abzuhalten, wenn man einen höhenverstellbaren Schreibtisch zur Verfügung hat.

Während eines virtuellen Vortrags sieht man selbst häufig nur noch die eigenen Folien und nicht das (gesamte) Publikum, an das man sich richtet. Das sind wirklich erschwerte Bedingungen, denn so wie die Körpersprache für das Publikum wichtig ist, ist es auch für uns als Vortragenden wichtig, das Publikum währenddessen lesen zu können. Man kann auf Menschen, die ganz offensichtlich Verwirrung im Gesicht zeigen, sofort und unmittelbar eingehen. Bei einer virtuellen Präsentation bekommt man das meist gar nicht mit. Selbst dann nicht, wenn einem mehrere Monitore zur Verfügung stehen.

Und umgekehrt wird es eben auch schwieriger, dem Vortragenden zu folgen, wenn der Bildschirm in erster Linie von den Folien belegt wird. Erinnern wir uns noch einmal an den Satz: „Nicht die Folien sind die Präsentation, Du bist es." Hier gibt es inzwischen technische Möglichkeiten, sich als Redner entweder über die Folien einzublenden oder die Übertragung des eigenen Videosignals neben die Darstellung der Folien zu legen. Bei der ersten Möglichkeit ist schon bei der Erstellung der Folien zu beachten, dass keine wichtigen Elemente dort auf der Folie stehen, wo hinterher das eigene Bild die Folie überdeckt. Bei der zweiten Methode sollte man ebenfalls darauf achten, dass die Folien entsprechend kleiner gezeigt werden, die Inhalte müssen also groß genug erstellt werden, damit sie lesbar bleiben.

Stimme

Unsere Stimme transportiert viele Informationen, die uns vielleicht gar nicht so bewusst sind. Wenn wir unsicher sind, ist sie brüchig und zittrig. Wenn wir monoton sprechen, wirken wir langweilig und verlieren die Aufmerksamkeit unseres Publikums. Es gibt verschiedene Gestaltungsmöglichkeiten, eine Stimme interessanter wirken zu lassen. Lautstärke, Stimmlage und Sprechtempo sind nur einige Beispiele. Der Wechsel in diesen Sprechweisen macht es spannend. Bei leidenschaftlichen Themen darfst Du lauter und schneller sprechen. Auch Sprechpausen dürfen genutzt werden, um mit einem stummen Blick in die Runde die vorangegangenen Aussagen wirkungsvoll zu unterstreichen. **Sprich so laut, dass man Dich auch noch in der letzten Reihe verstehen kann.** (Es sei denn, Du hast ein Mikrophon.) Gerade in virtuellen Meetings ist es schwieriger, einem Vortragenden über einen längeren Zeitraum zu folgen, weil häufig nur die Stimme die Präsentation wirklich trägt. Daher muss Abwechslung in die Intonation und die Leidenschaft fürs Thema muss ausgestrahlt werden, damit Deine Zuhörerschaft dranbleibt.

Augenkontakt

Den Augenkontakt mit dem Publikum zu halten ist sehr wichtig. Dabei hält man sich nicht an einer Person allein während des gesamten Vortrags fest, sondern lässt den Blick von einer Person zur nächsten in der Runde schweifen und wieder zurück. So fühlen sich die Personen im Publikum angesprochen und halten im Gegenzug die Aufmerksamkeit beim Präsentierenden. Natürlich kann man auch das ein oder andere an der projizierten Folie anzeigen und dem Publikum dafür kurz den Rücken zudrehen. Allerdings sollte man eben die meiste Zeit seinem Publikum zugewandt verbringen und nicht wirken, als müsste man selbst noch mal nachschauen, was da auf der Folie eigentlich steht.

Jeder Auftritt zählt

Es ist durchaus möglich, dass Du Deine Präsentation häufiger als einmal halten musst. Wenn Dein Vorschlag bei Deiner Führungskraft so gut ankommt, dass sie Dich zur nächsten Entscheidungsebene vorlässt, dann solltest Du Dich auf eine Art „Welttournee" einstellen. Und der Vergleich liegt nahe. Ich war vor ein paar Wochen mal wieder auf einem P!nk-Konzert. Zwei Jahre zuvor war ich ebenfalls auf ihren Konzerten. Und jedes Mal, wenn ich da im Publikum sitze, freue ich mich darüber, dass ich wieder Gänsehaut habe und mir diese Künstlerin so einen tollen Abend bereitet. Jedes Mal hat man das Gefühl, dass sie sich wirklich Mühe gibt, diesen Abend zu einem großartigen Abend für ihr Publikum zu machen. Heute ist das beste Publikum der Welt da. Dies ist der wichtigste Abend. Und morgen. Und der Abend danach. Sei ein Rockstar wie P!nk, wenn Du die Bühne betrittst. Jedes Publikum hat den Eintritt bezahlt.

▶ Liefere jedes Mal so ab, als sei es der wichtigste Moment in Deinem und ihrem Leben. Auch wenn Du die Songs schon tausendmal gesungen hast, die Präsentation schon tausendmal gehalten hast. Jeder Auftritt zählt.

Literatur

Cordes V (2022) Niedriger Puls, bessere Laune: Bleistift-Trick programmiert Ihr Gehirn auf positiv (26.03.2022). Focus Online. https://www.focus.de/wissen/neue-kolumne-von-ndr-moderatorin-vera-cordes-gute-laune-in-3-minuten-wie-sie-mit-dem-bleistift-trick-ihre-emotionen-beeinflus sen_id_24281665.html. Zugegriffen: 24. Sept. 2023

Letzte Tipps 7

Zum guten Schluss noch ein paar Geheimtipps aus dem Nähkästchen einer Projektmanagerin und Führungskraft. Ich hoffe, sie werden Dir bei Deinen Veränderungskampagnen und Präsentationen helfen, so wie sie mir geholfen haben.

Die Erfolgsformel für Handlungsoptionen
Wenn man Dich damit beauftragt hat, ein Problem zu analysieren, dann wahrscheinlich aus dem Grund, dass das Thema in Dein Ressort fällt oder man es Dir zutraut, das Problem zu lösen. Das heißt, Du wirst nicht nur gebeten die Gründe herauszufinden, sondern auch Lösungsstrategien vorzustellen.

► Meine Erfolgsformel dafür lautet: „3 + /– 1".

Soll heißen, drei Lösungsalternativen vorstellen, die Vor- und Nachteile der einzelnen Alternativen auflisten und (D)eine Handlungsempfehlung und Begründung geben. Wenn Deine Begründung für Deine bevorzugte Lösungsalternative mit den Zielen und Werten Deiner Organisation in Einklang steht, stehen Deine Chancen sehr gut, dass man Deiner Handlungsempfehlung folgt. Denn schließlich bist Du ja die Expertin oder der Experte.

Die Zahlen müssen stimmen

► Deine Zahlen, die Du auf der ersten Folie präsentierst, müssen auch zu den Zahlen auf der letzten Folie passen.

© Der/die Autor(en), exklusiv lizenziert an Springer Verlag GmbH, DE, ein Teil von 115
Springer Nature 2024
F. Oehlerking, *Mit Daten überzeugen, mit Geschichten inspirieren*,
https://doi.org/10.1007/978-3-662-68494-8_7

Wenn Du z. B. vorne eine Projektrisikoübersicht zeigst, in der Du eine Risikorückstellung von einer Summe X benötigst, sollte diese Zahl dann auch in der Projektkalkulation ein paar Seiten weiter unter den Rückstellungen erkennbar sein. Wenn nicht, solltest Du in der Lage sein zu erklären, warum das nicht der Fall ist. Dabei solltest Du sicherstellen, dass Du nicht zu viele unterschiedliche Zahlen einführst. Ist es wirklich notwendig, einmal von „Gross Profit", „Net Pofit", dann von „EBIT", dann von „EBITDA" oder von „Gewinn" zu sprechen? Es ist klar, dass dies unterschiedliche Dinge sind und nicht synonym verwendet werden dürfen. Vielleicht ist es aber sinnvoll, sich auf eine Kennzahl zu beschränken und diese in der gesamten Präsentation zu verwenden. Stelle außerdem sicher, dass Deine Kalkulationen und Summen wirklich stimmen. Selbst ein Zahlendreher kann dazu führen, dass man Deine gesamte Präsentation gedanklich in den Papierkorb wirft.

Mut zum Data Storytelling
Ja, Mut gehört dazu. Gerade wenn man Dinge anders macht als alle anderen. Wenig Text und mehr emotionale Bilder sind bisher nicht in unseren Präsentationen im Arbeitsalltag angekommen. Und ja, Du wirst auch nicht nur auf Unterstützer treffen. Gerade, wenn man Dinge anders macht, kann es auf Gegenwind stoßen.

▶	Mein Tipp ist: Fang klein an. Suche Dir Gelegenheiten, wo Du präsentierst und die Inhalte nicht so wichtig sind. Zum Beispiel, wenn Du im Kreise von engen Kolleg:innen bist und Du die Struktur der Beteiligung in die Kaffeekasse erklären sollst. Mach daraus eine Präsentation und belustige Deine Kolleg:innen. Übe immer wieder bei kleineren unbedeutenden Gelegenheiten, bis Du genug positive Erfahrung gesammelt hast, um den nächsten Schritt zu machen. Nutze diese Momente auch, Dir von diesen Menschen Feedback einzuholen, nicht nur zu den Foliensätzen, sondern auch zu Deinem Auftritt.

Hab Mut und probiere es aus.

GPSR Compliance

The European Union's (EU) General Product Safety Regulation (GPSR) is a set of rules that requires consumer products to be safe and our obligations to ensure this.

If you have any concerns about our products, you can contact us on ProductSafety@springernature.com

In case Publisher is established outside the EU, the EU authorized representative is:

Springer Nature Customer Service Center GmbH
Europaplatz 3
69115 Heidelberg, Germany

The manufacturer's authorised representative in the EU is Springer
Nature Customer Service Centre GmbH, Europaplatz 3, 69115 Heidelberg,
Germany. If you have any concerns regarding our products, please
contact ProductSafety@springernature.com

Printed and bound by CPI Group (UK) Ltd, Croydon, CR0 4YY
28/04/2026
02098540-0009